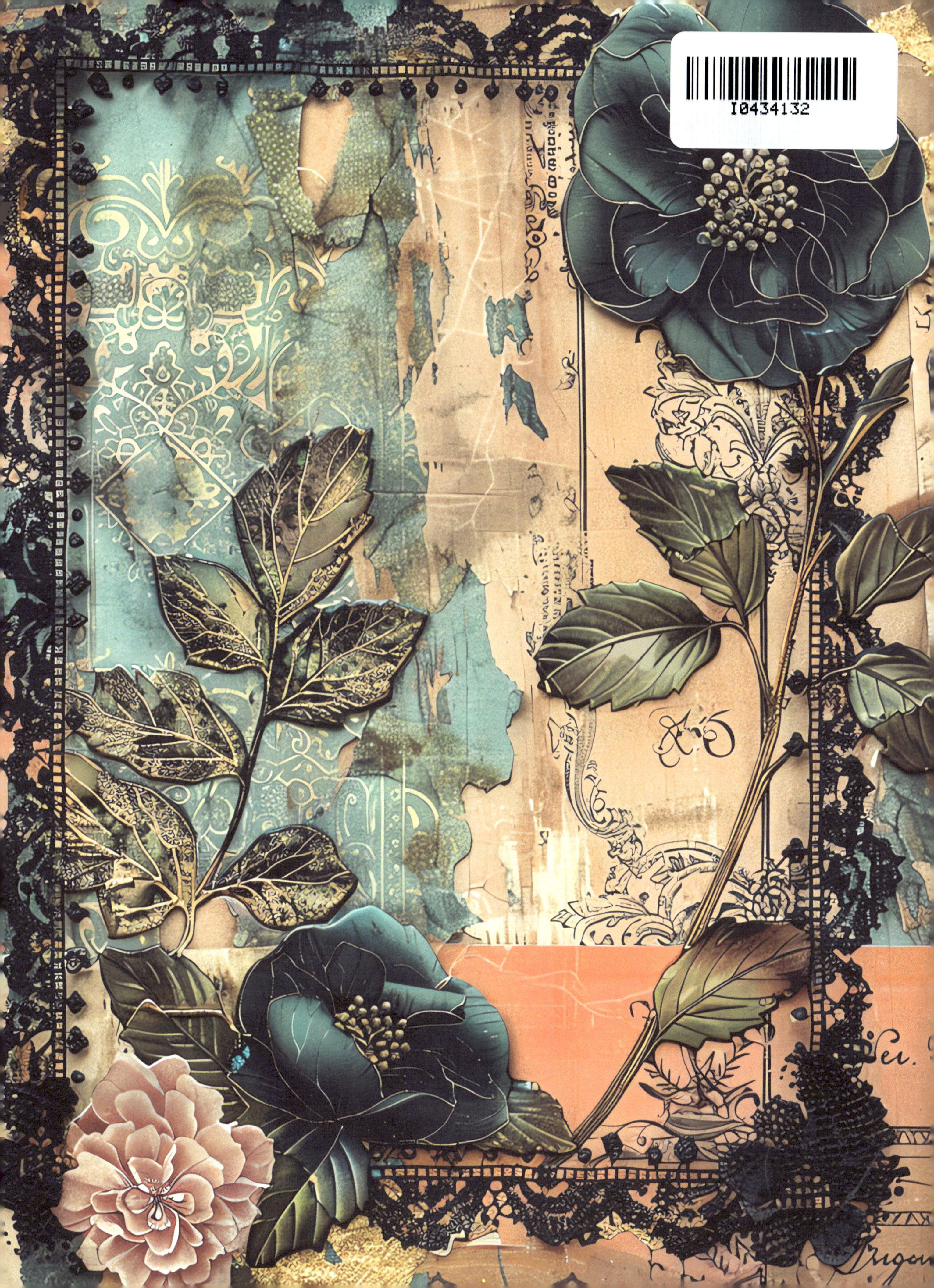

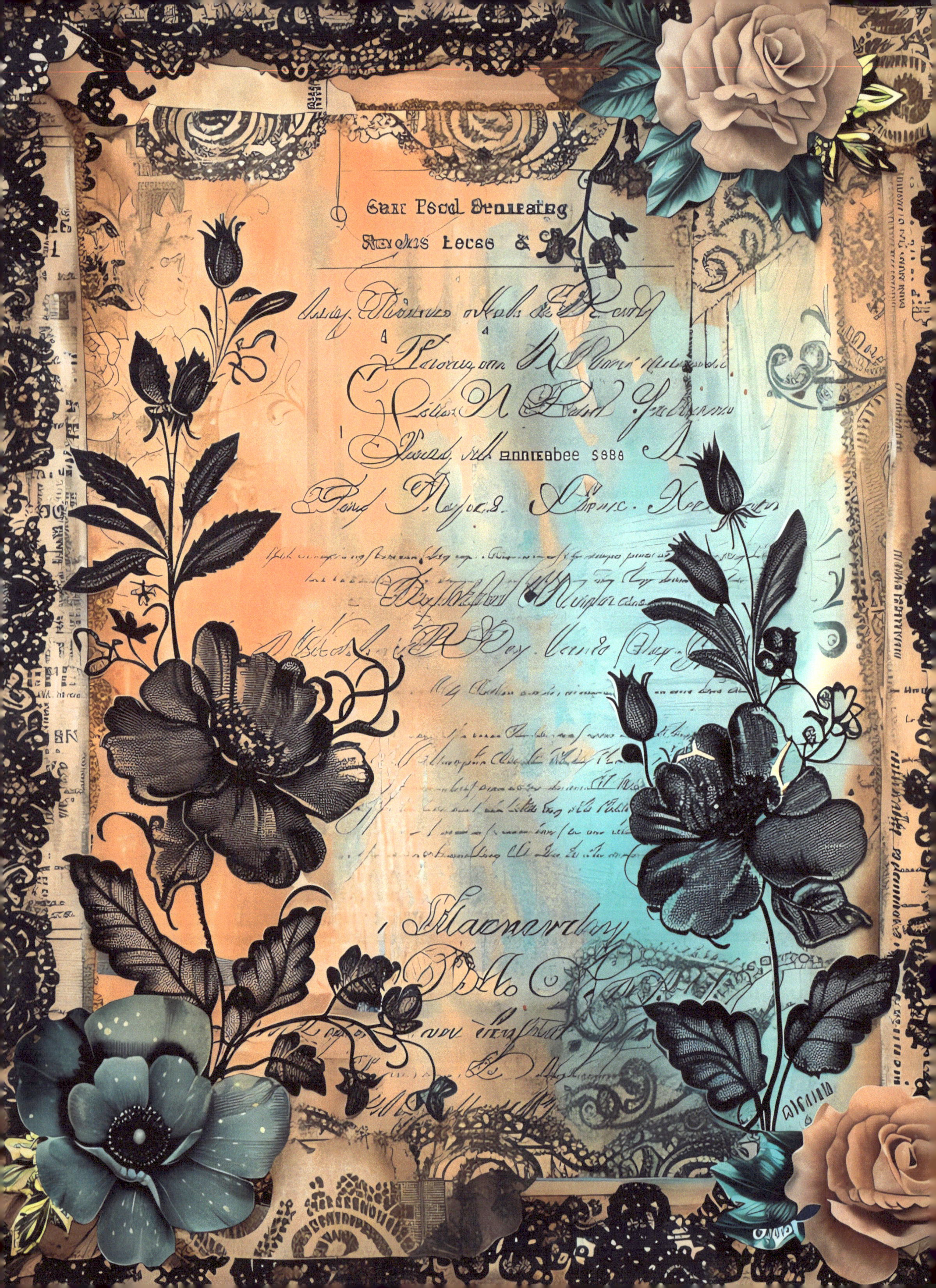

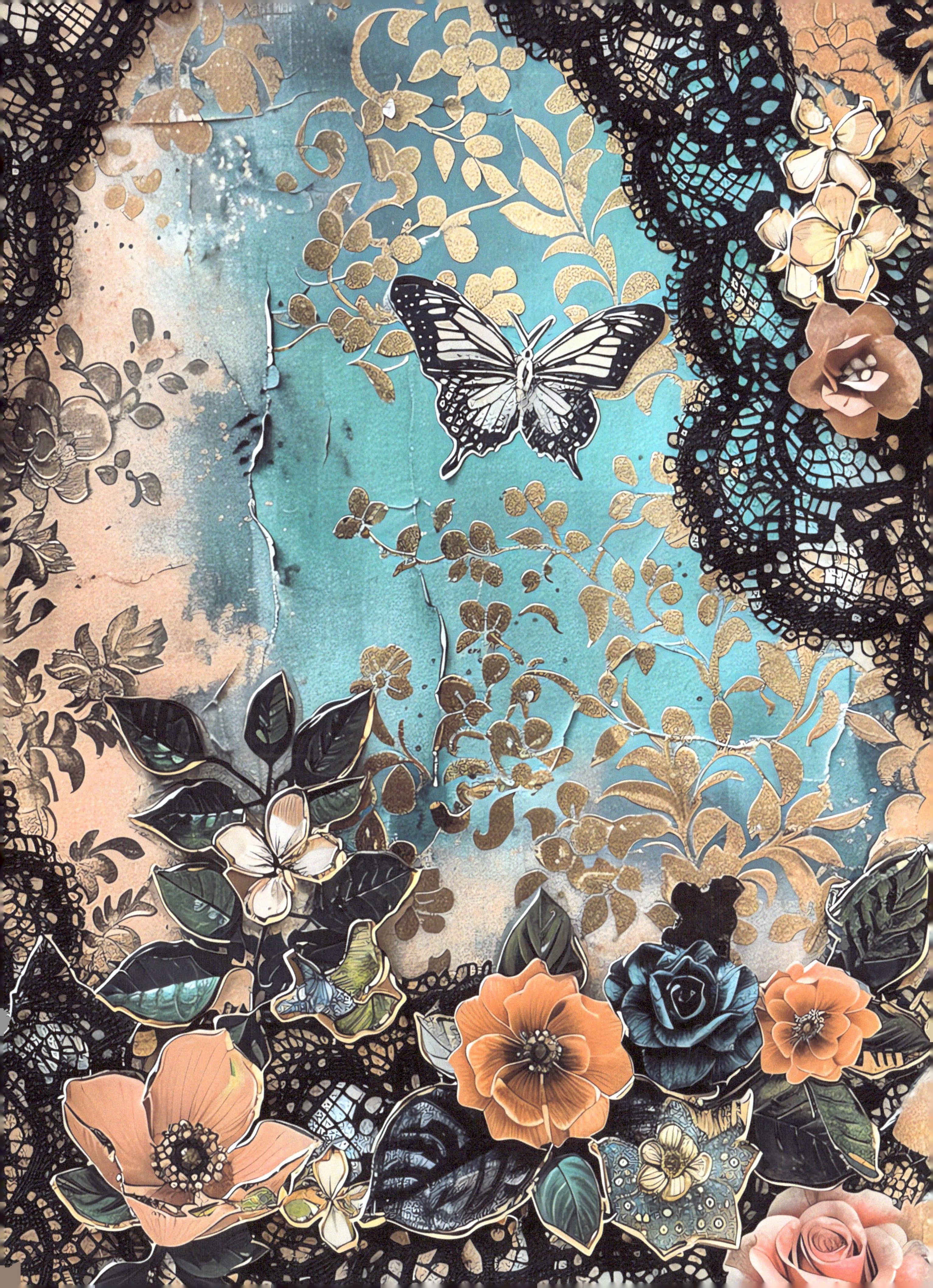

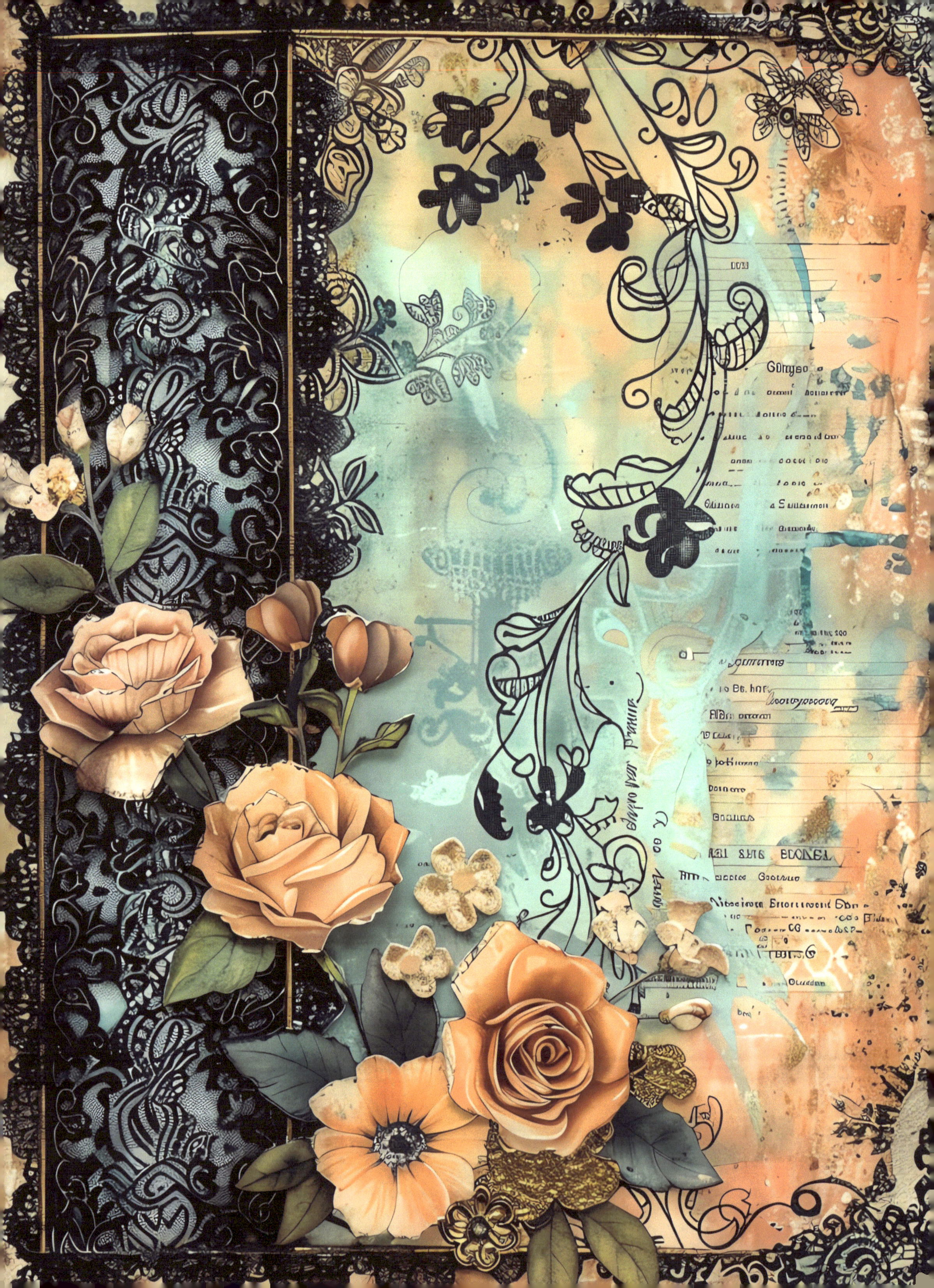

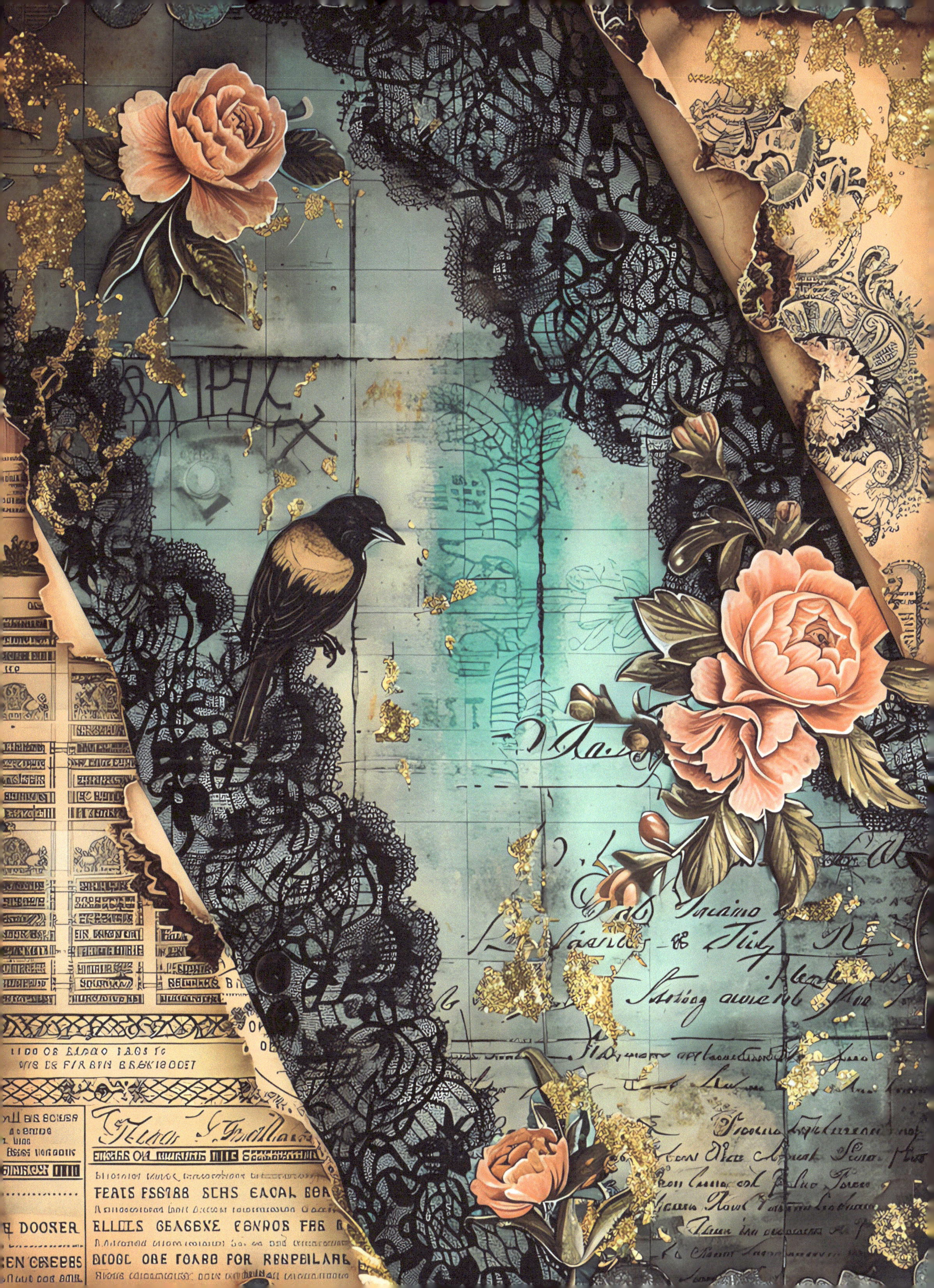

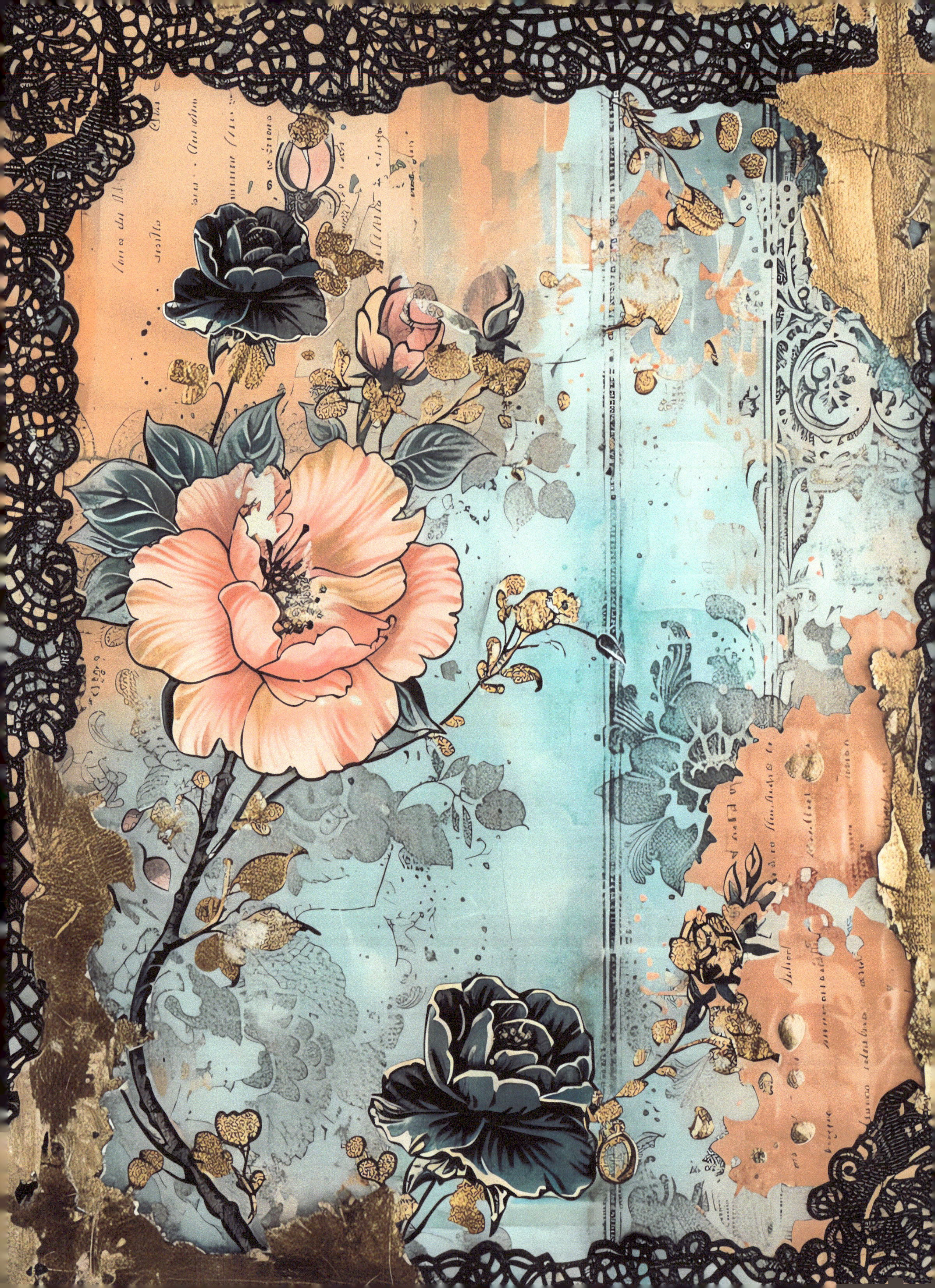

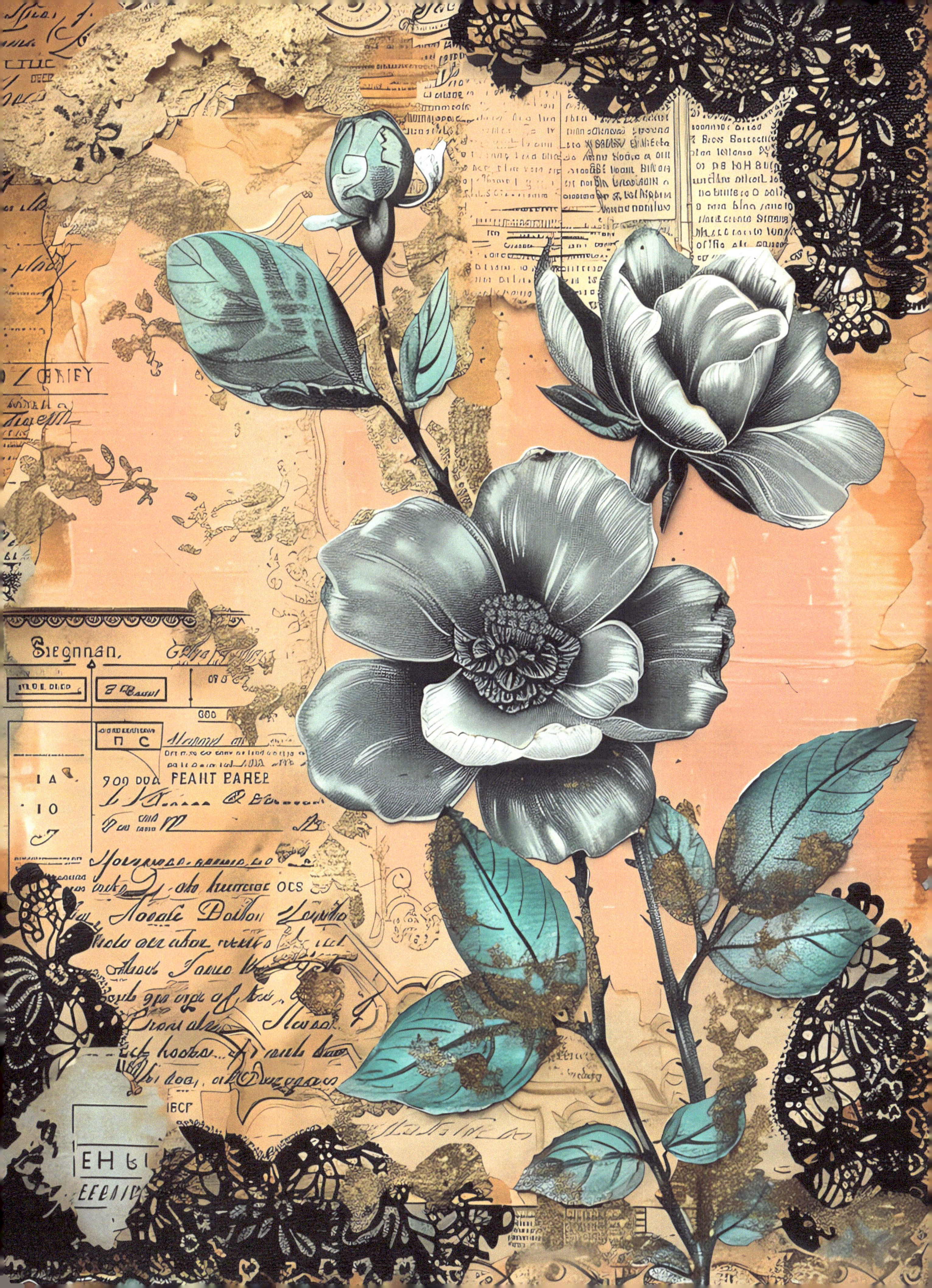

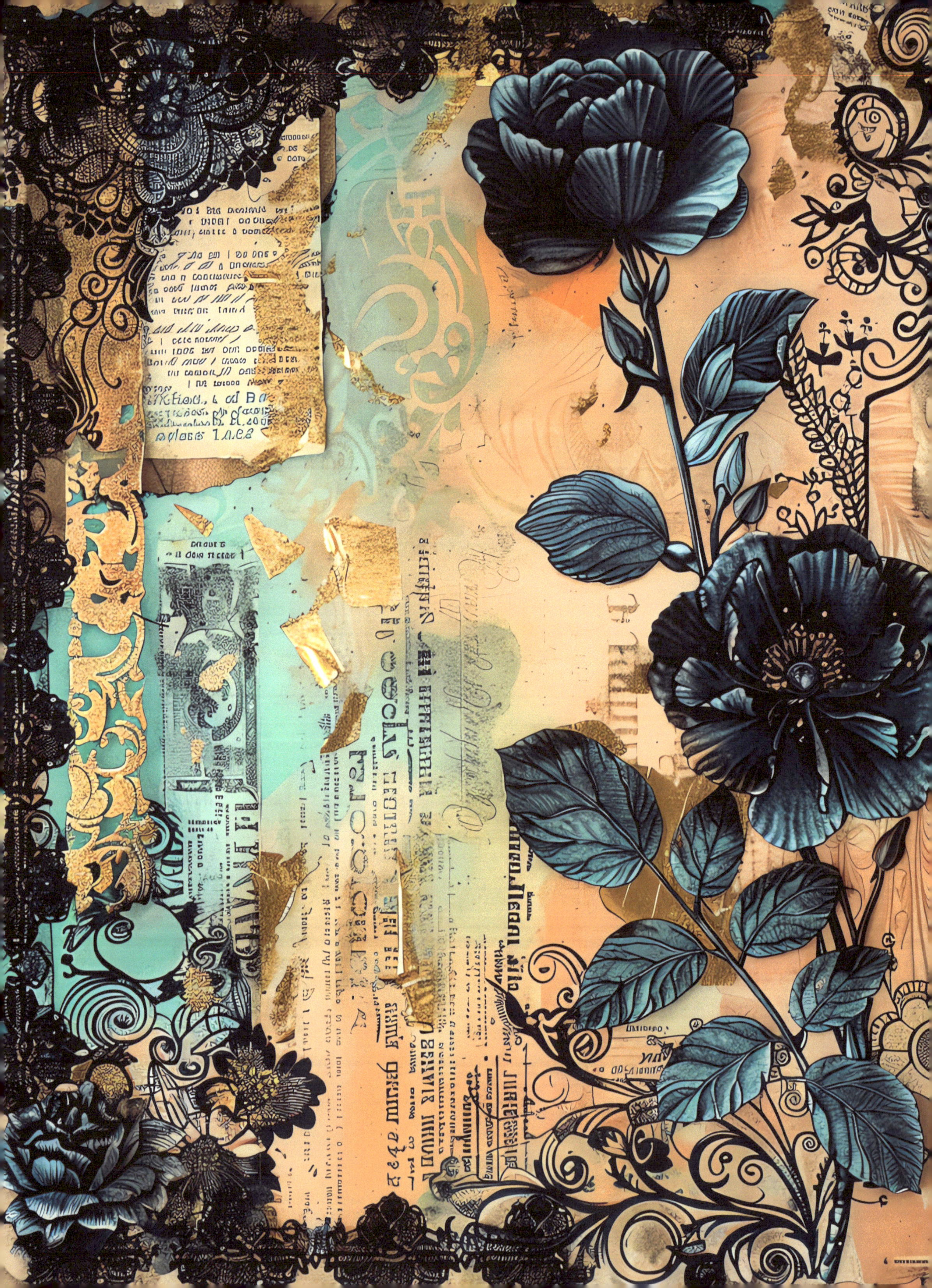

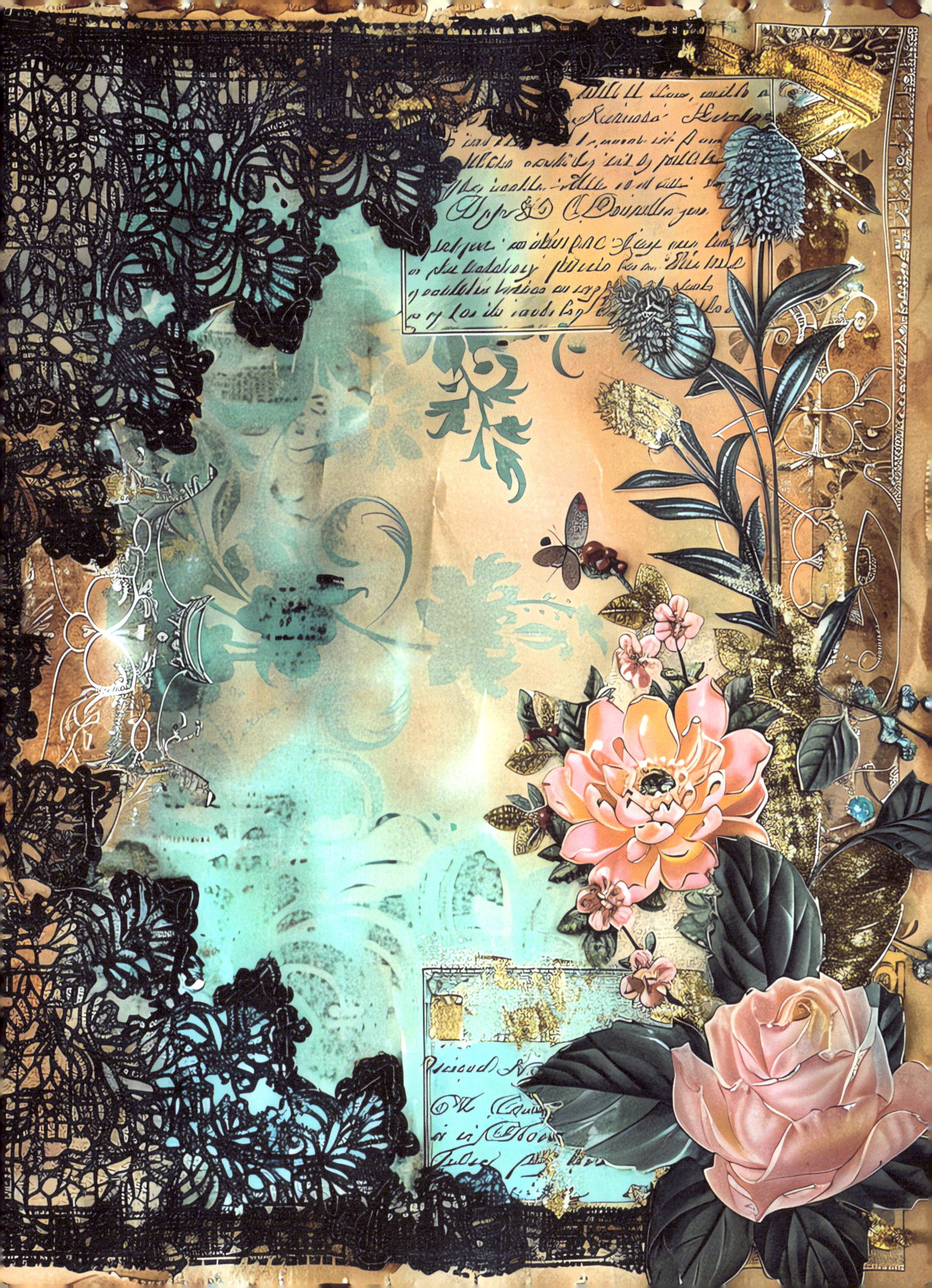

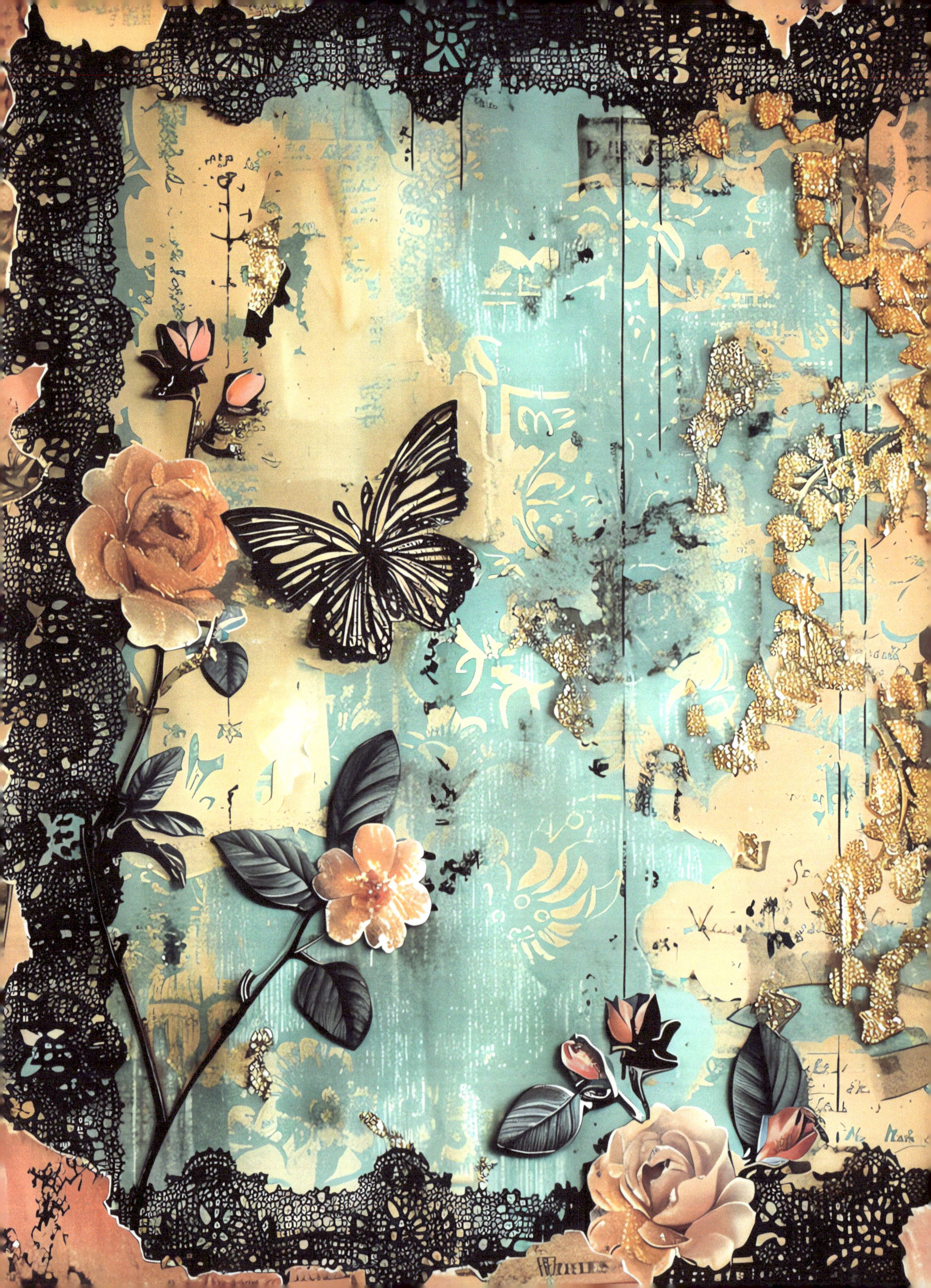

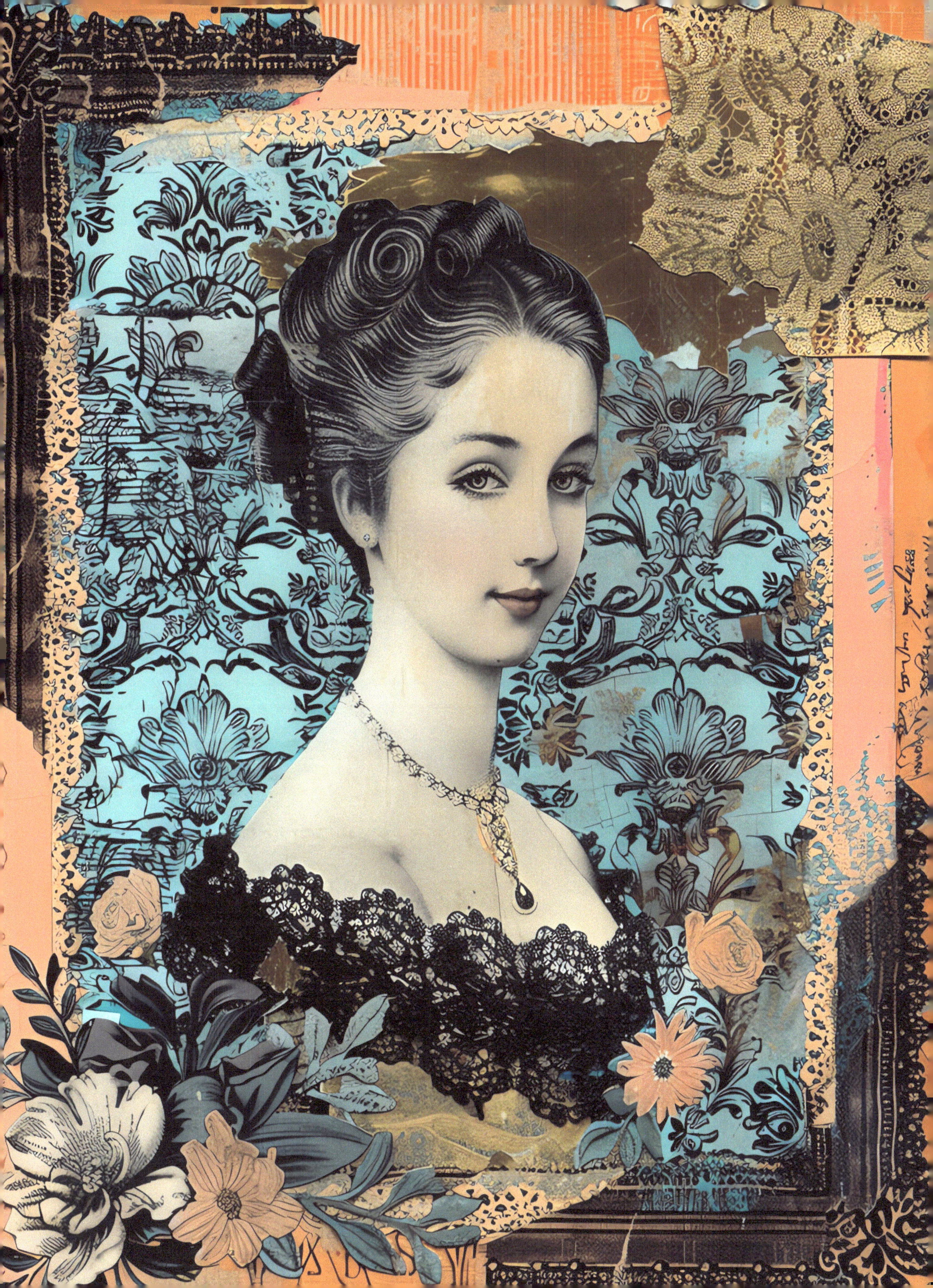

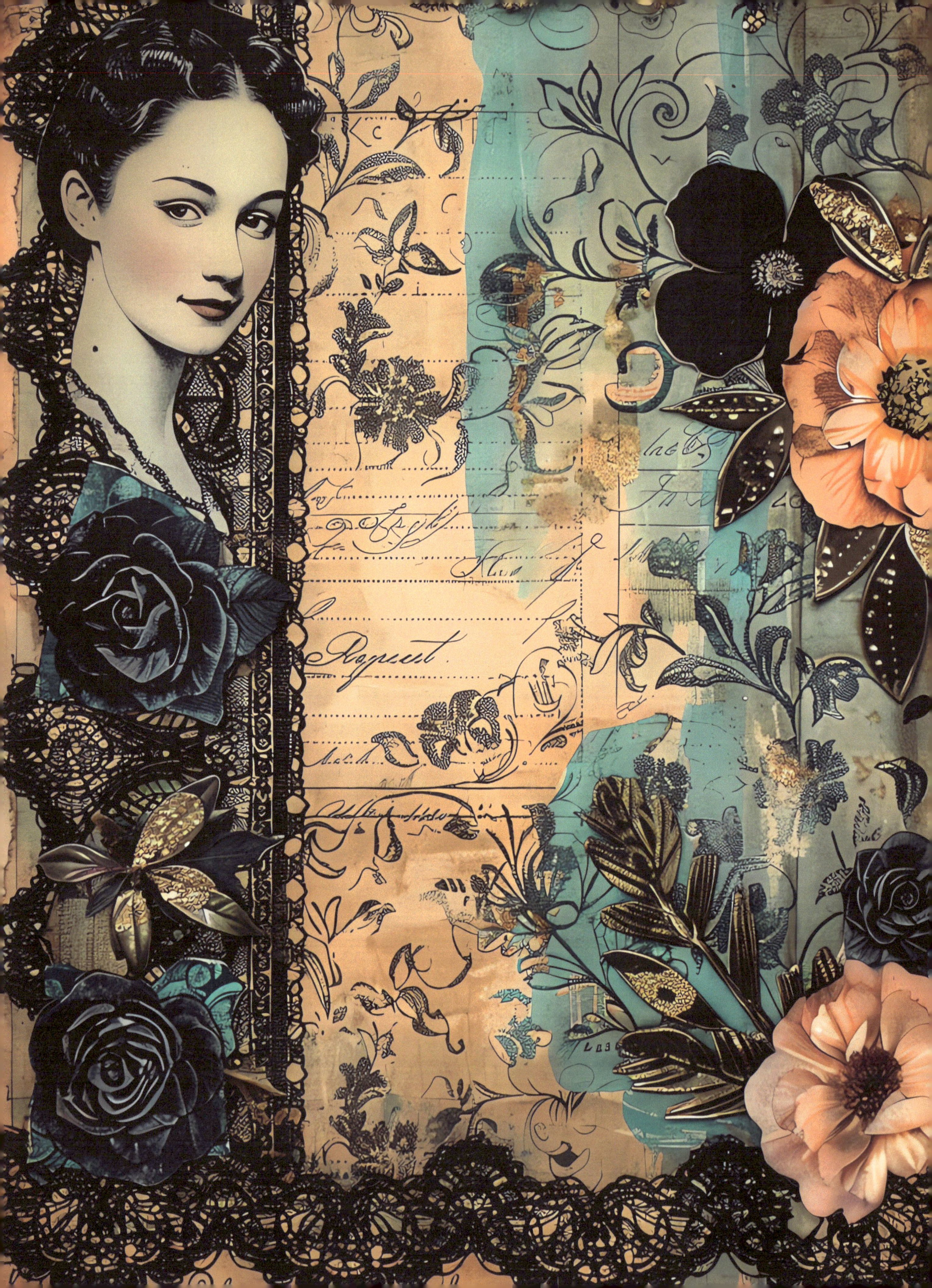

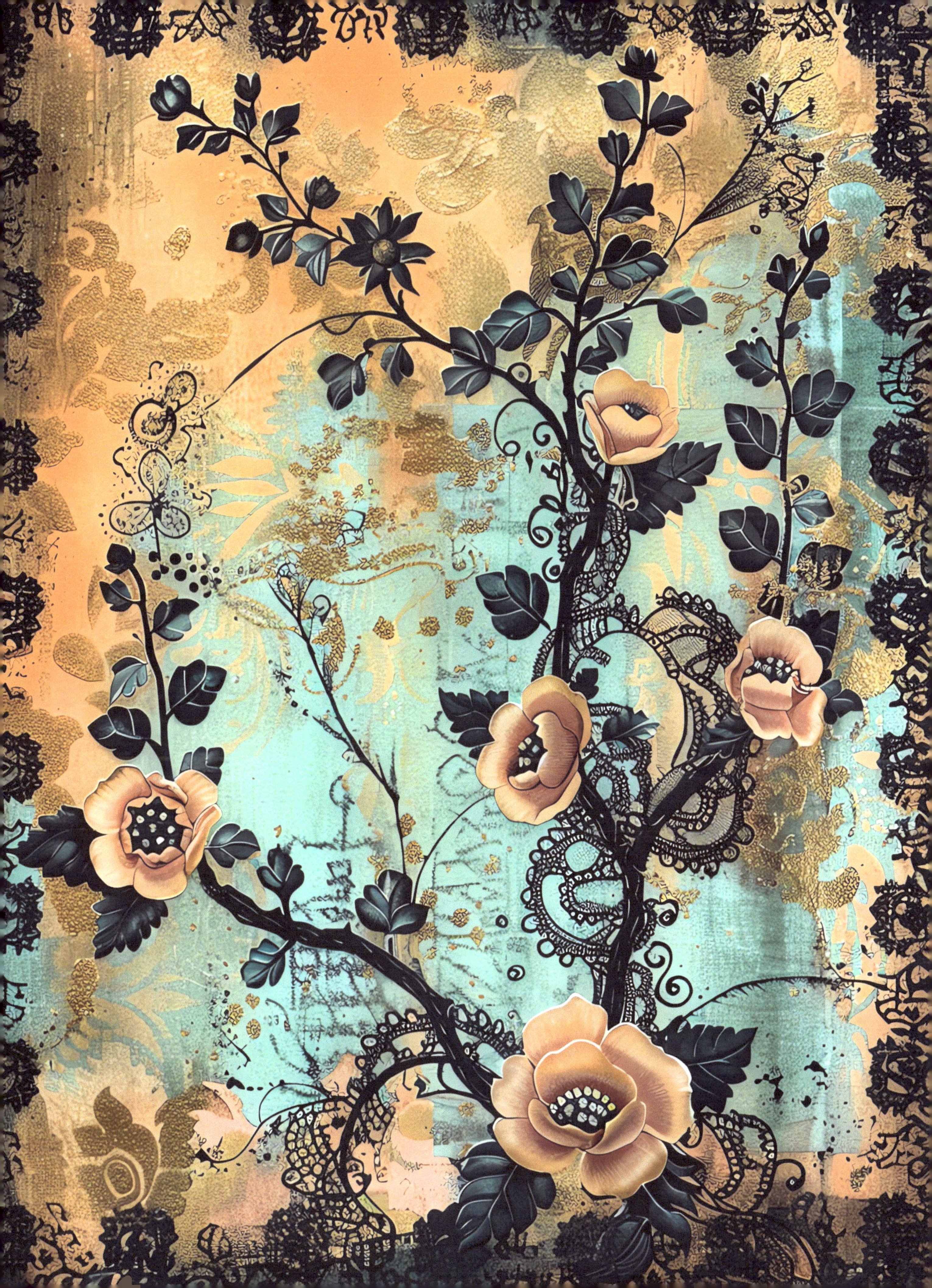

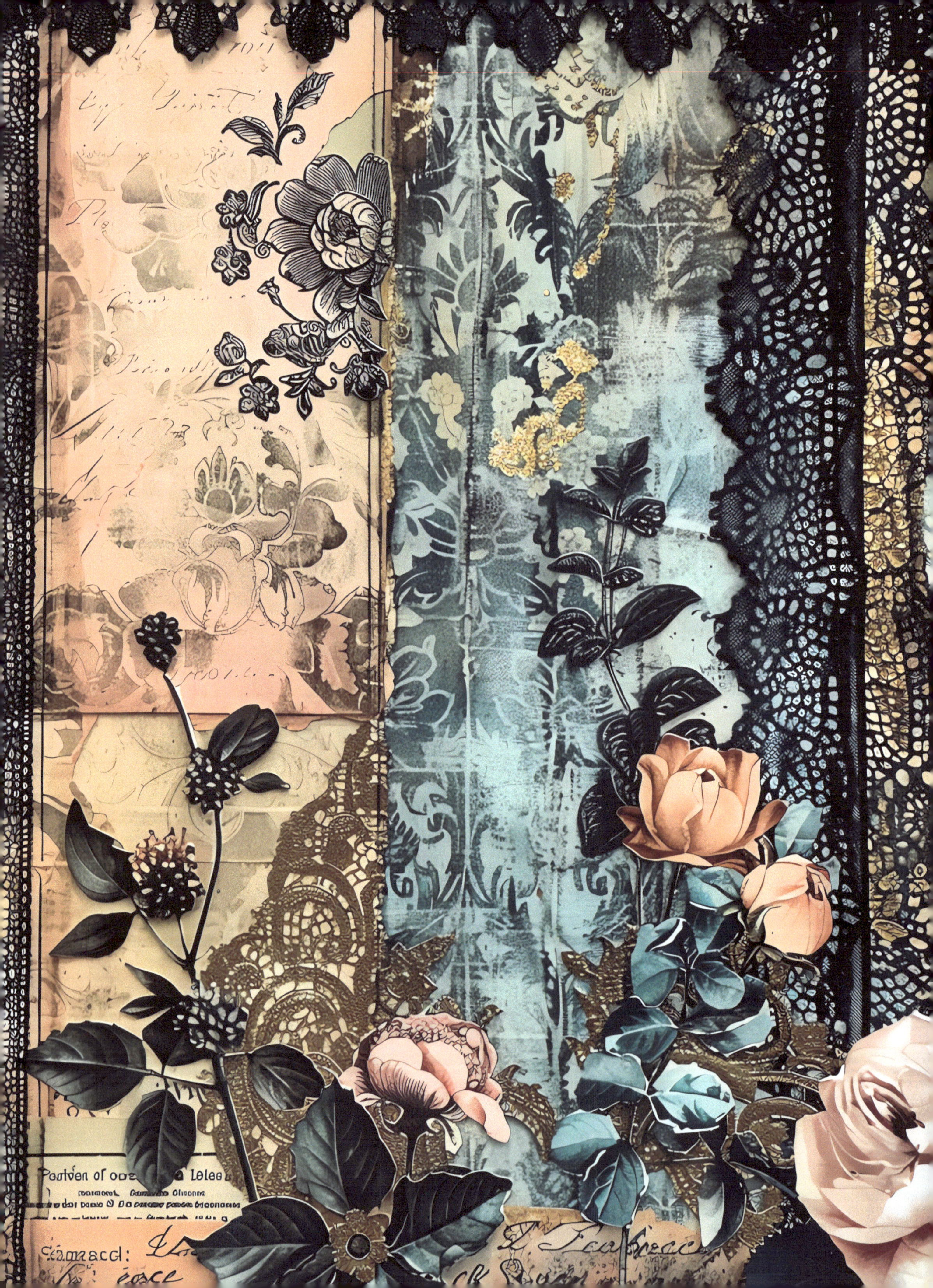

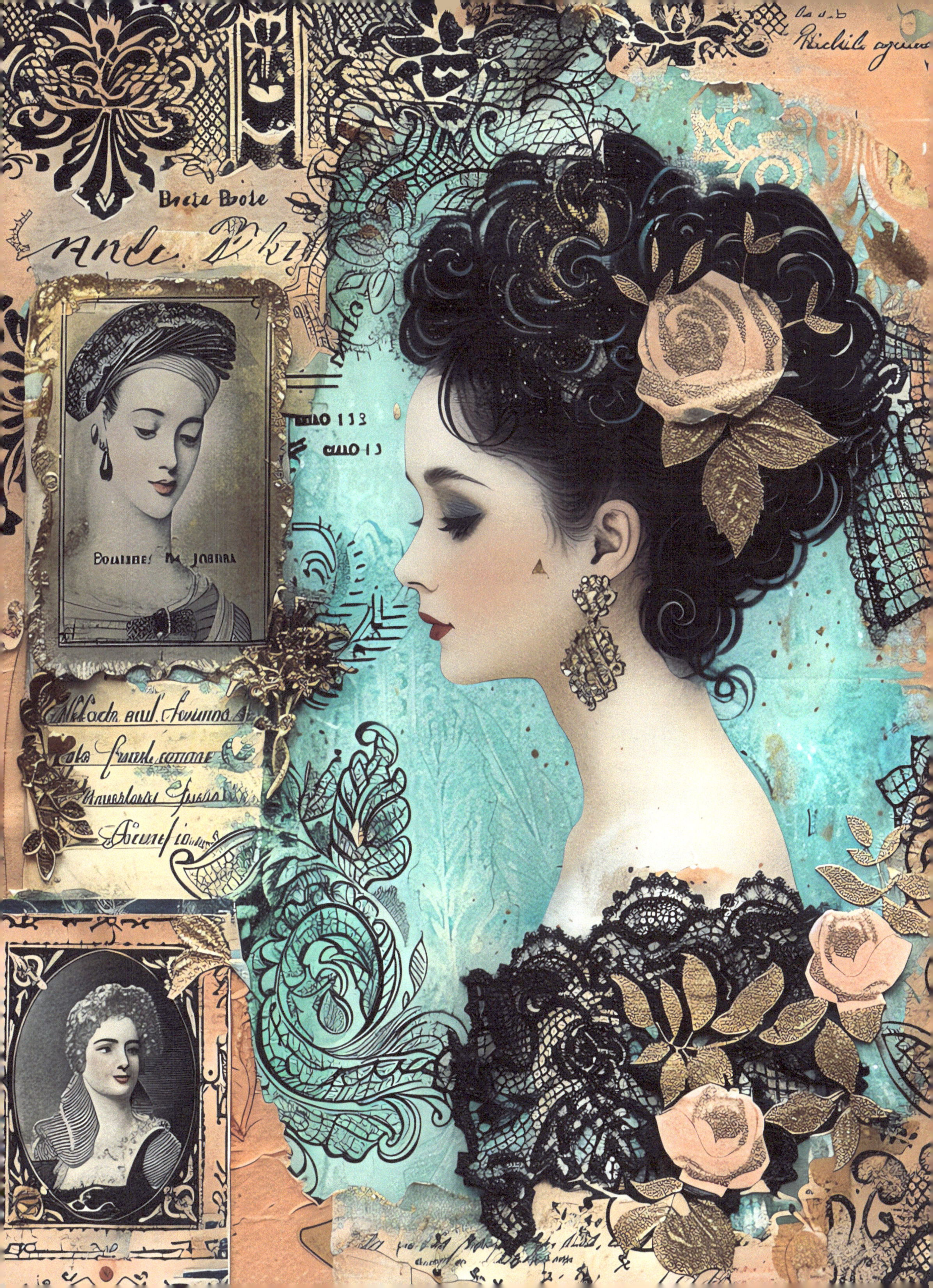

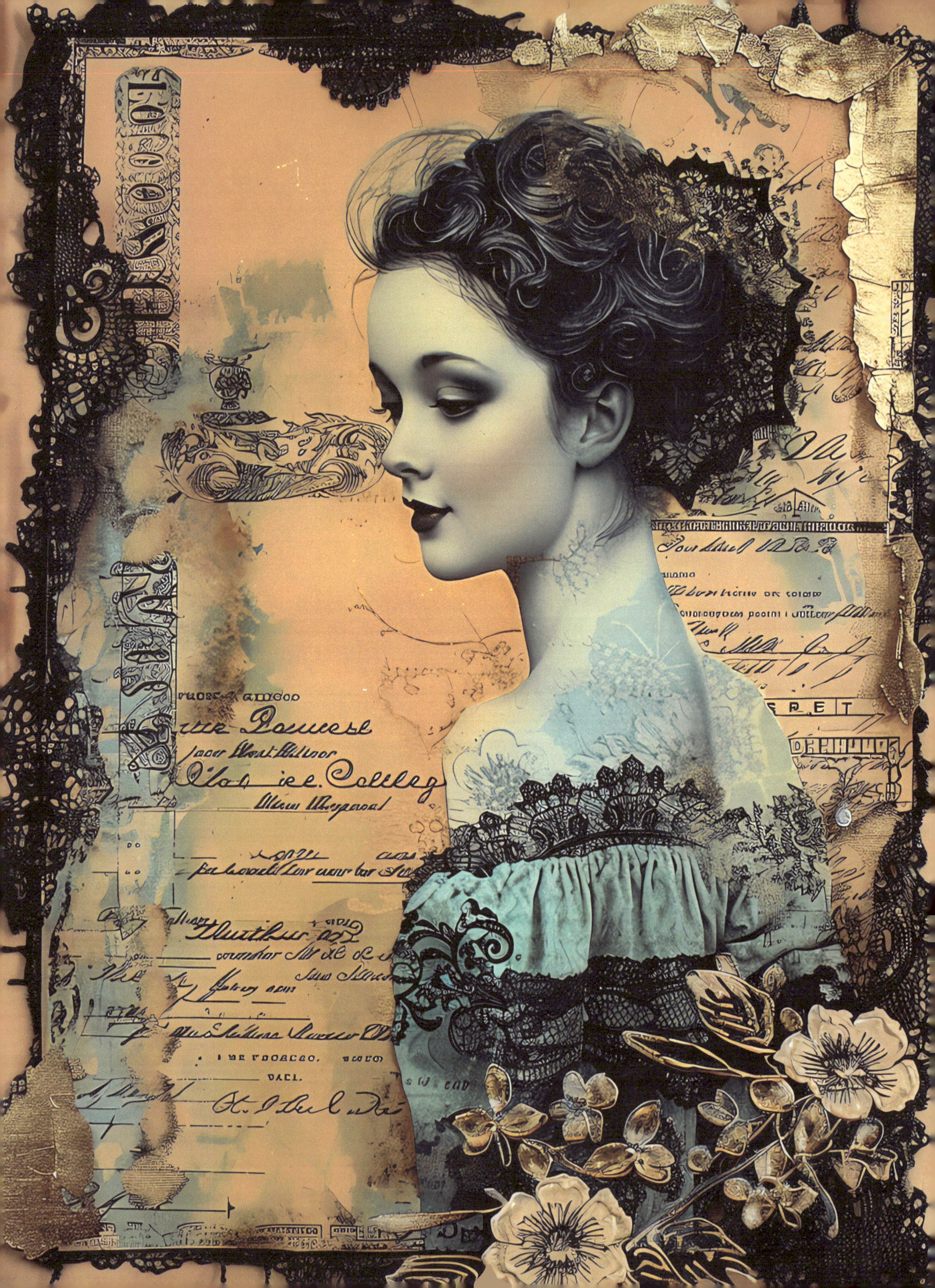

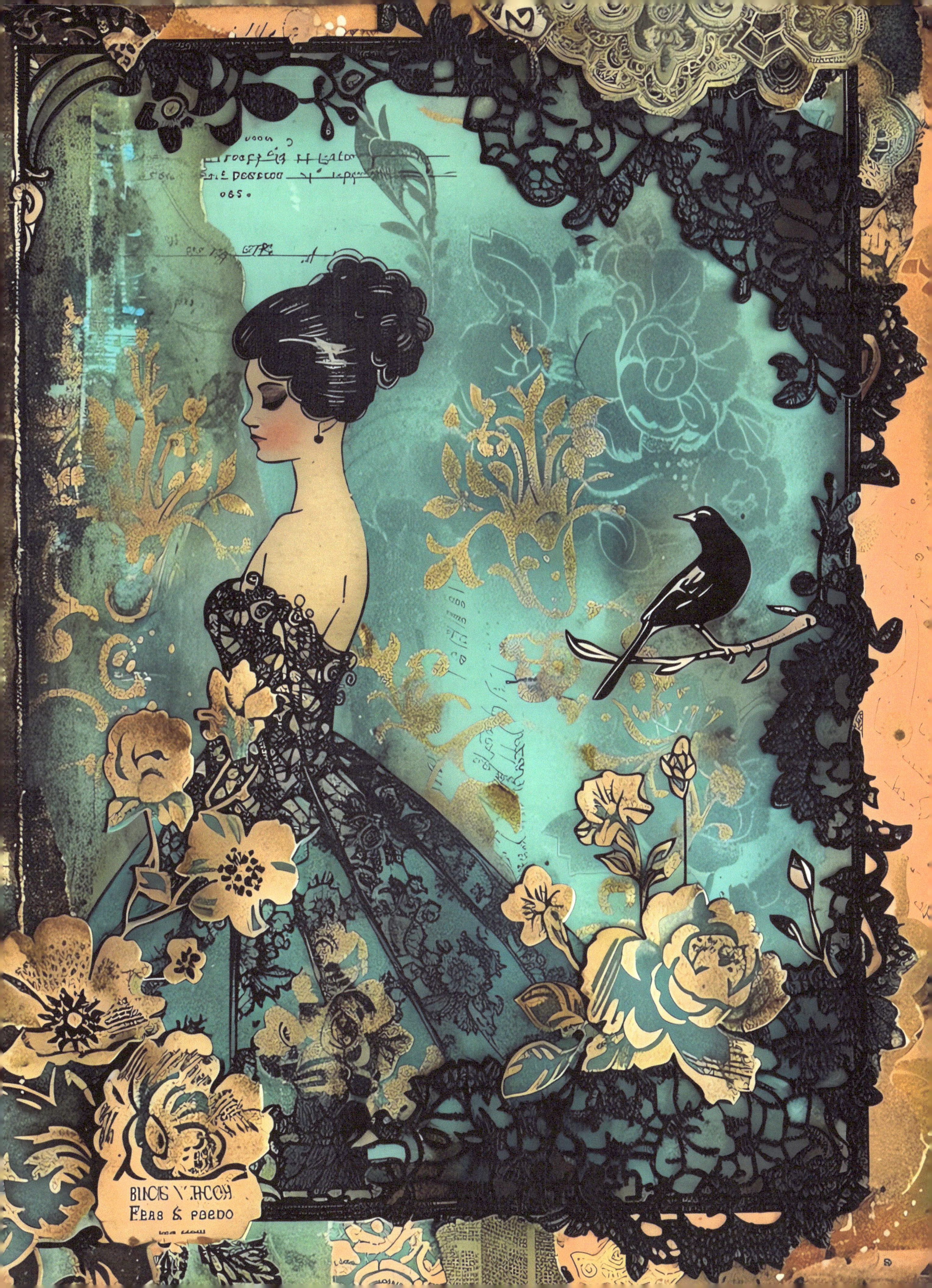

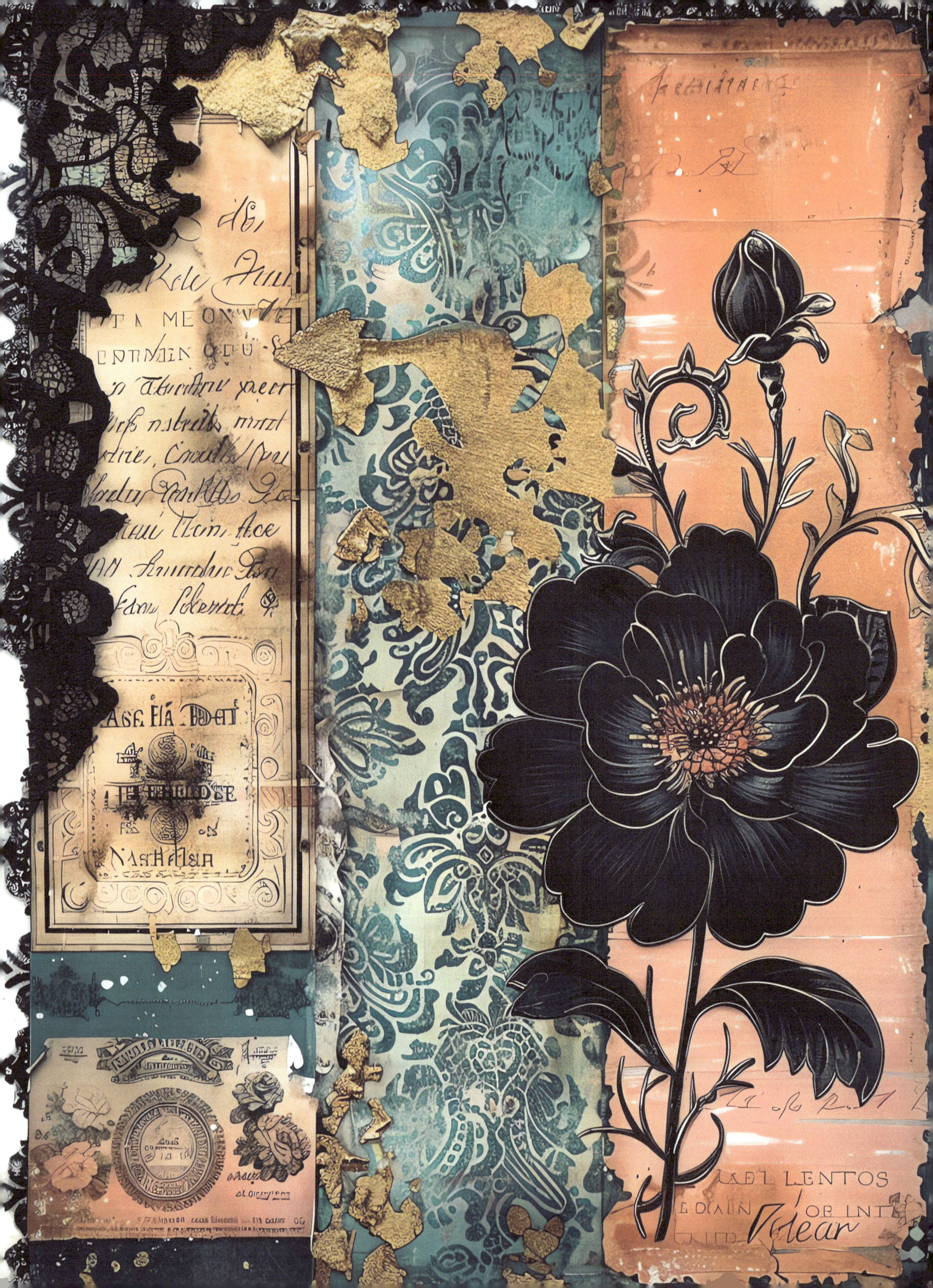

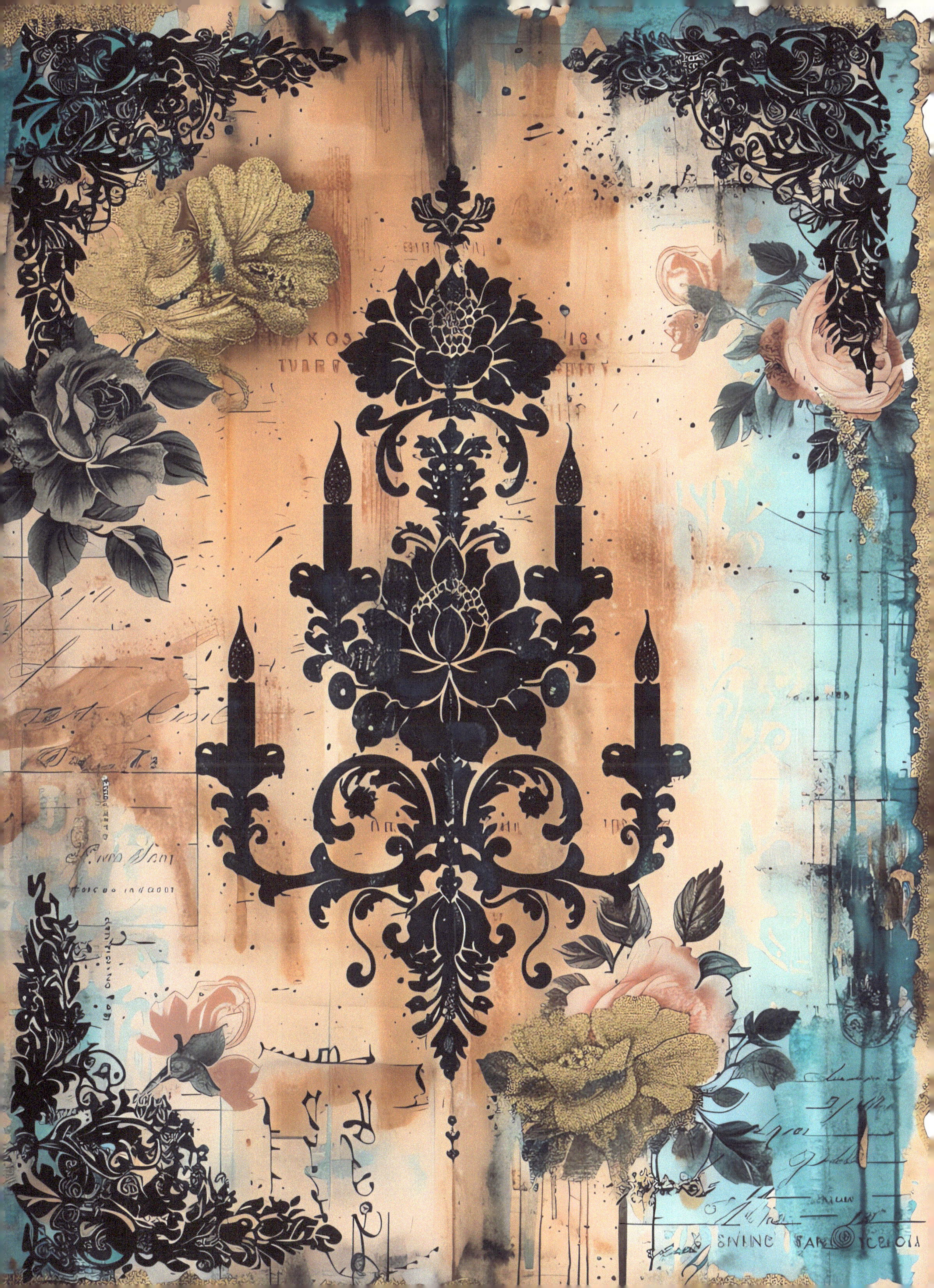

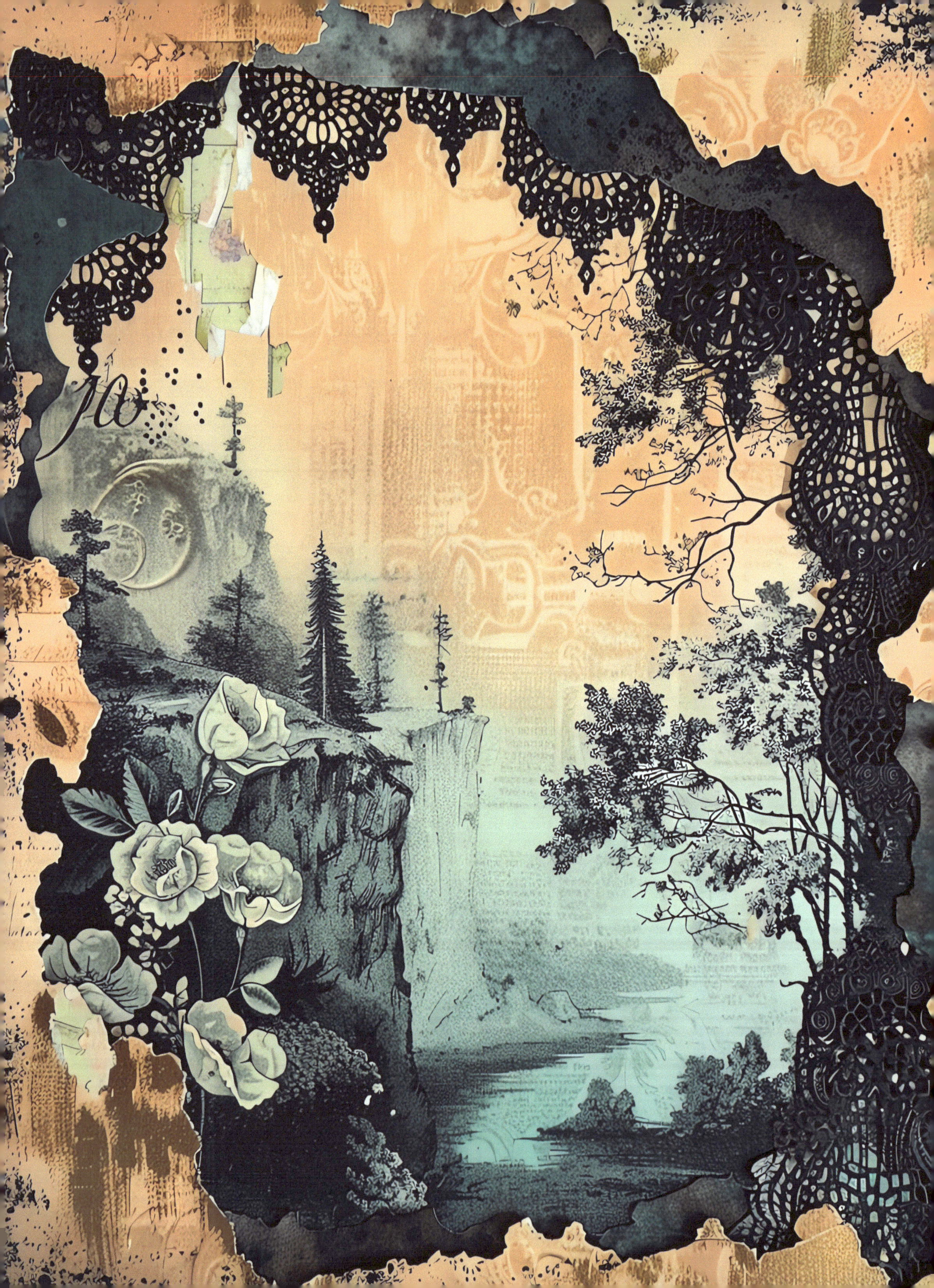

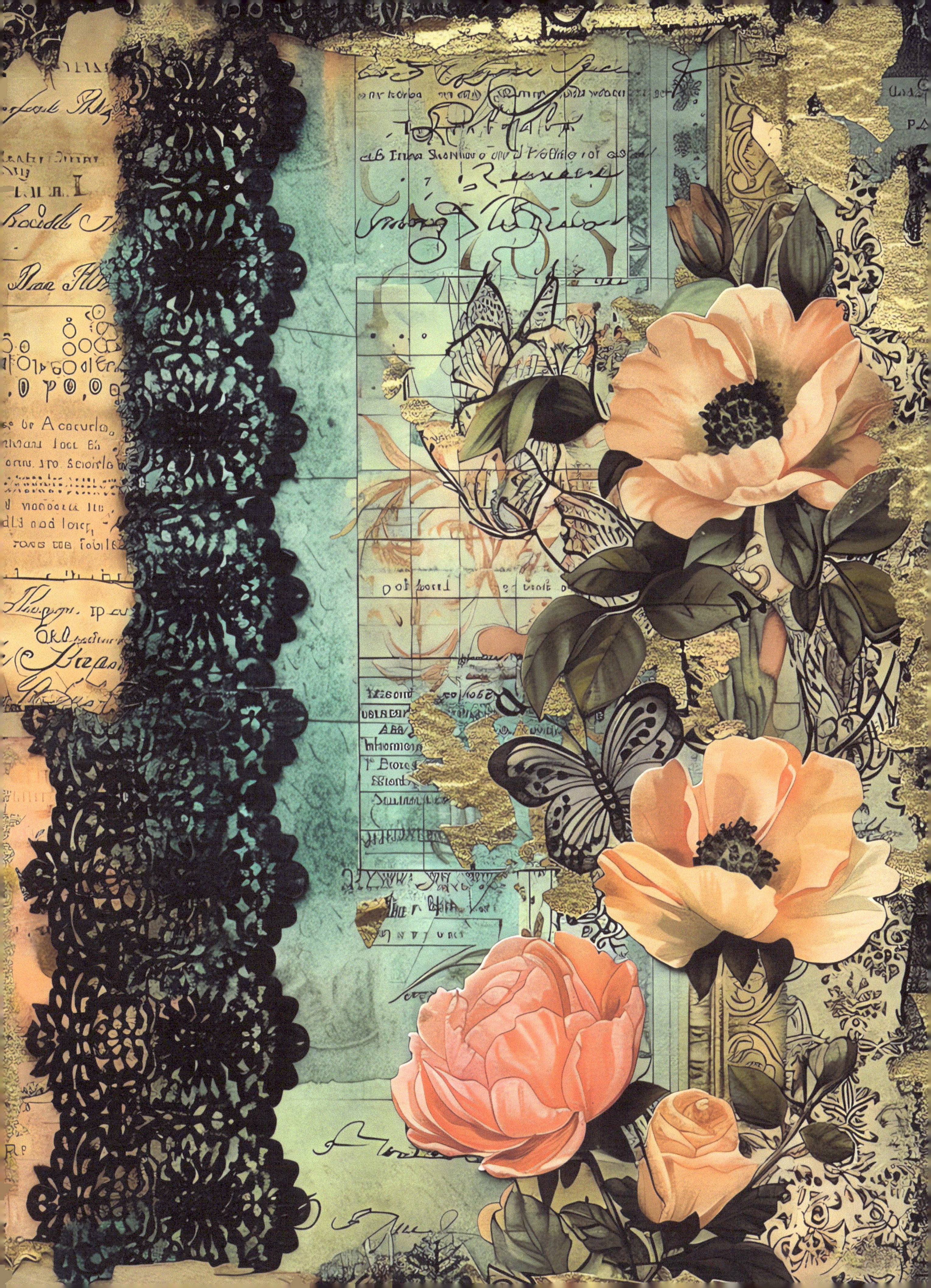

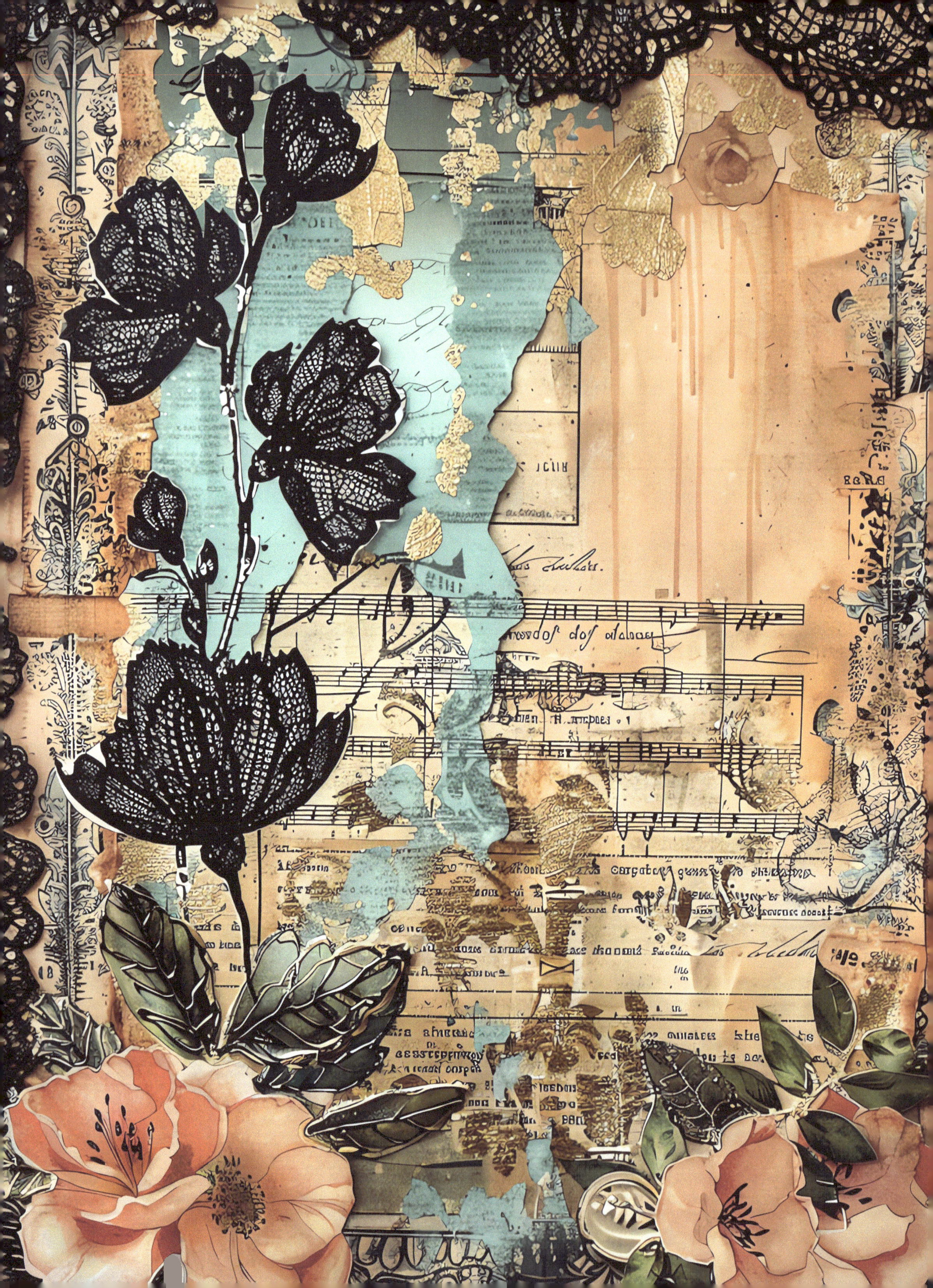

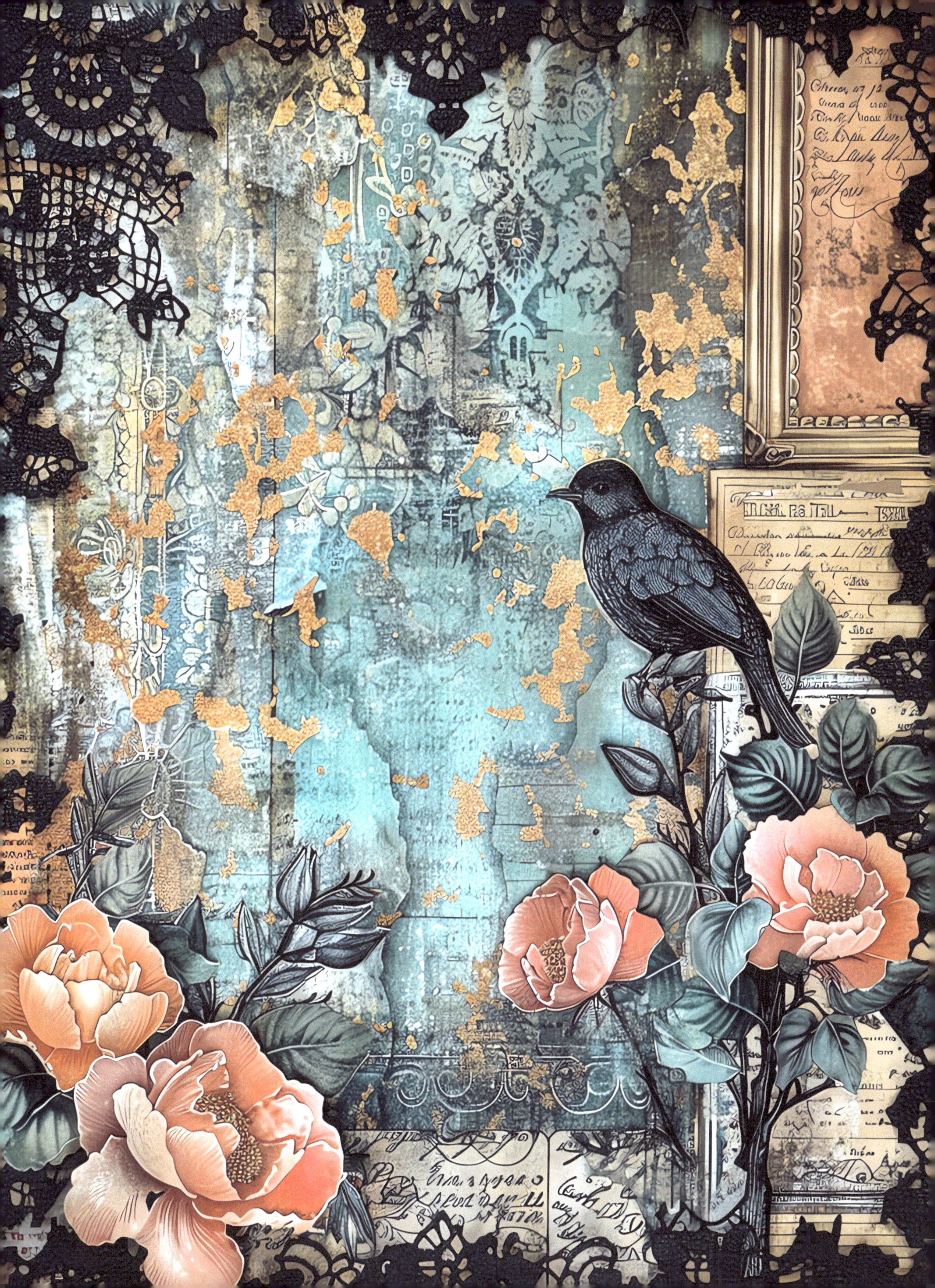

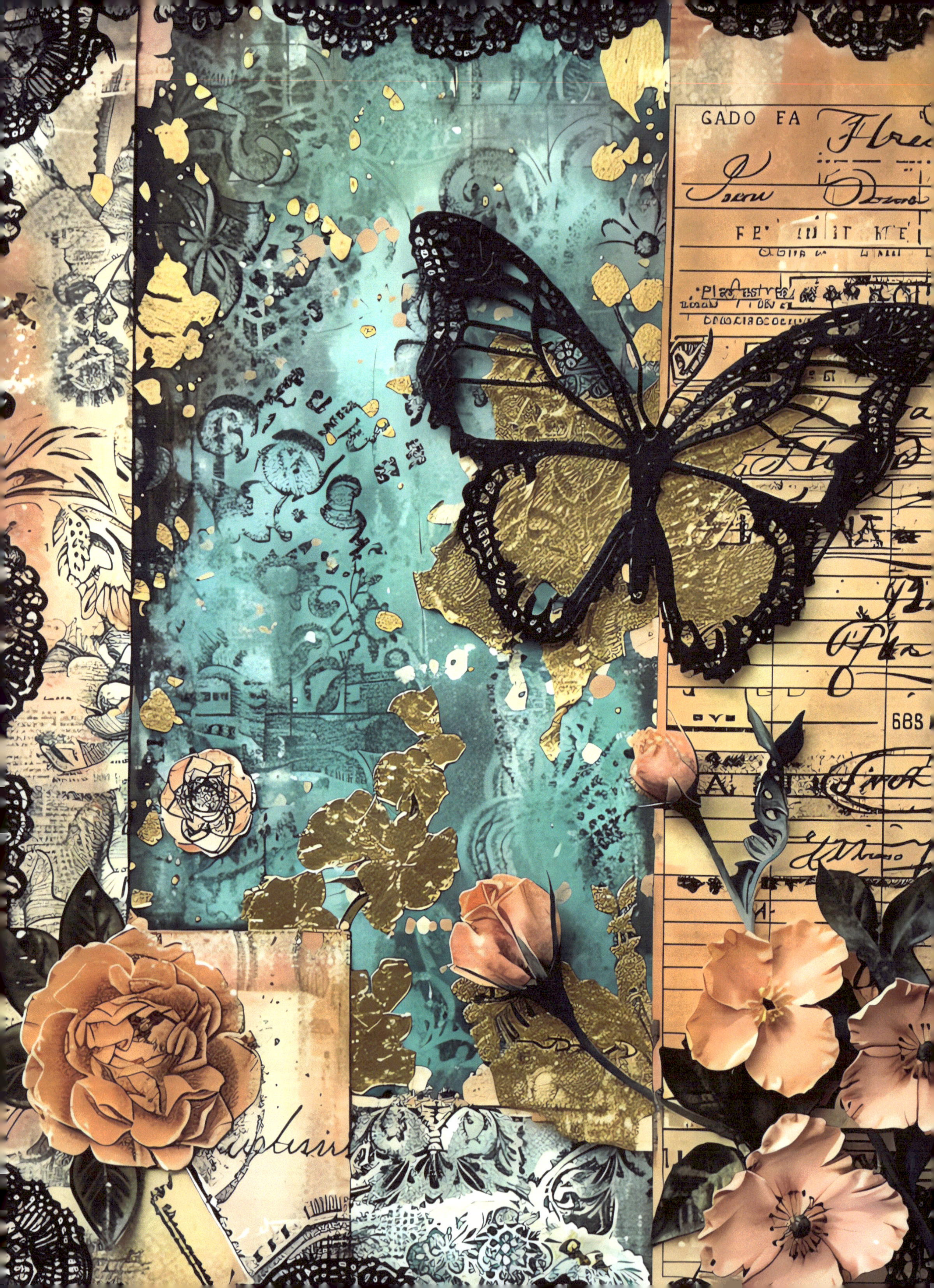
GADO FA
688

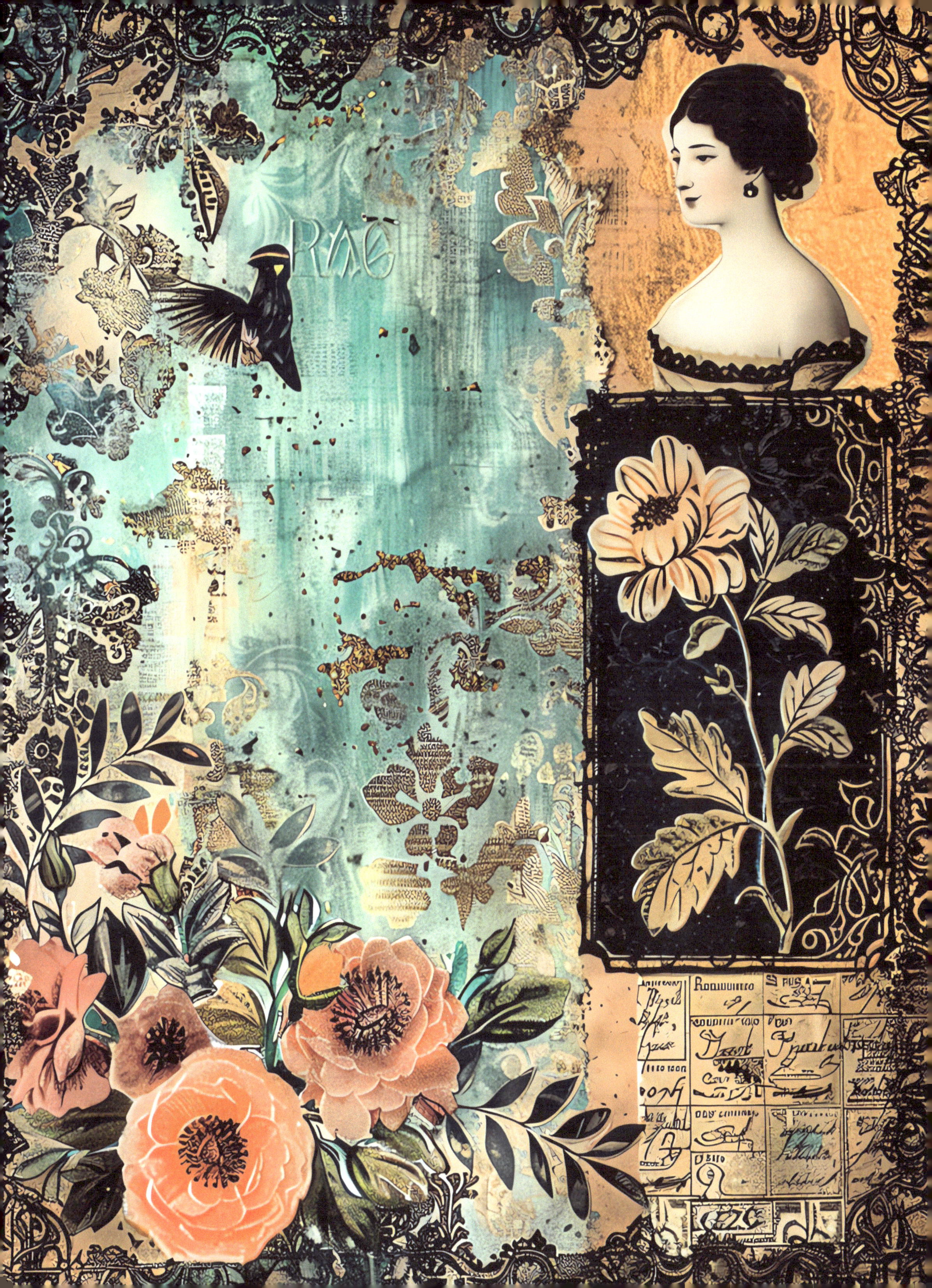

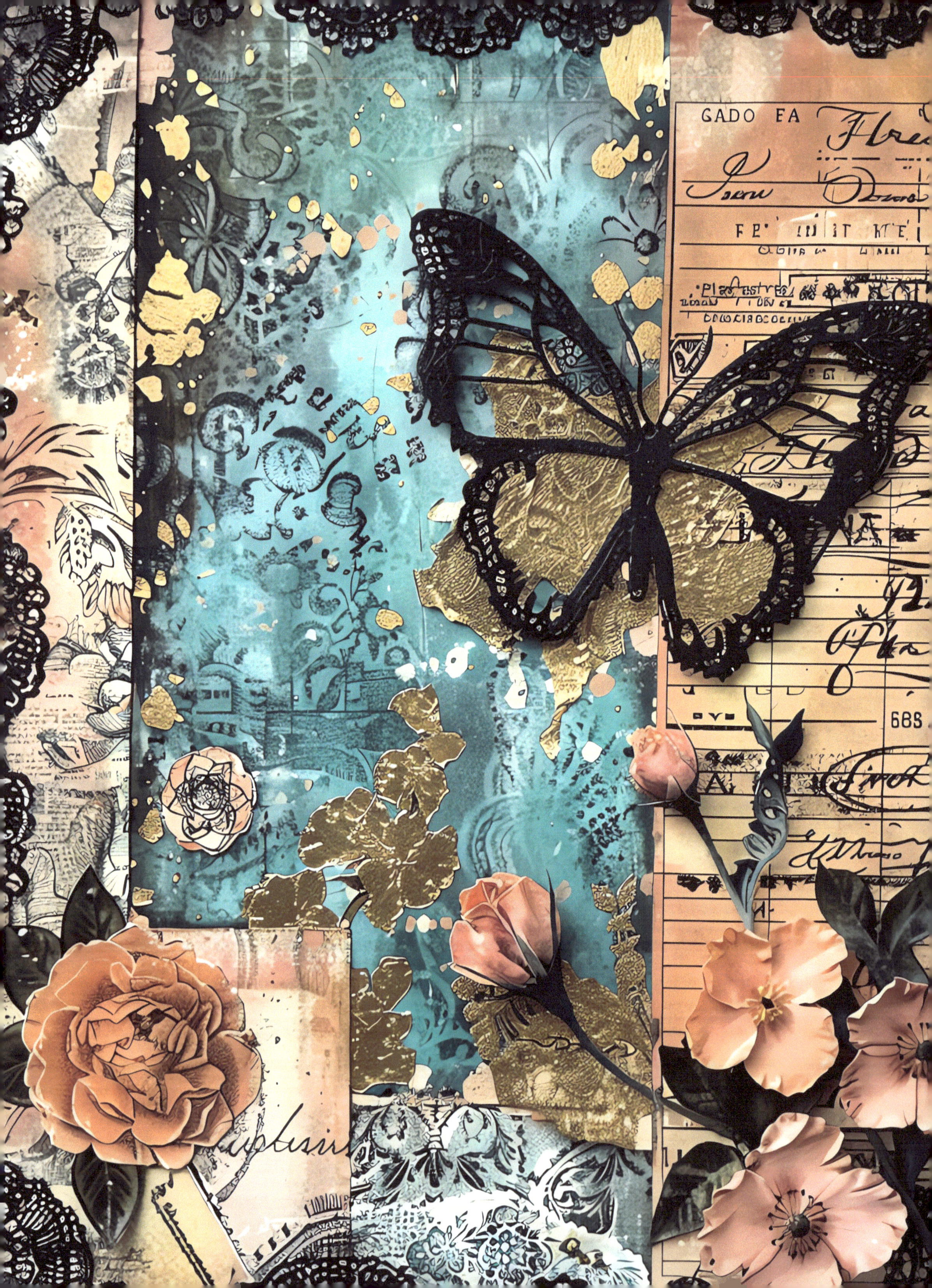
GADO FA

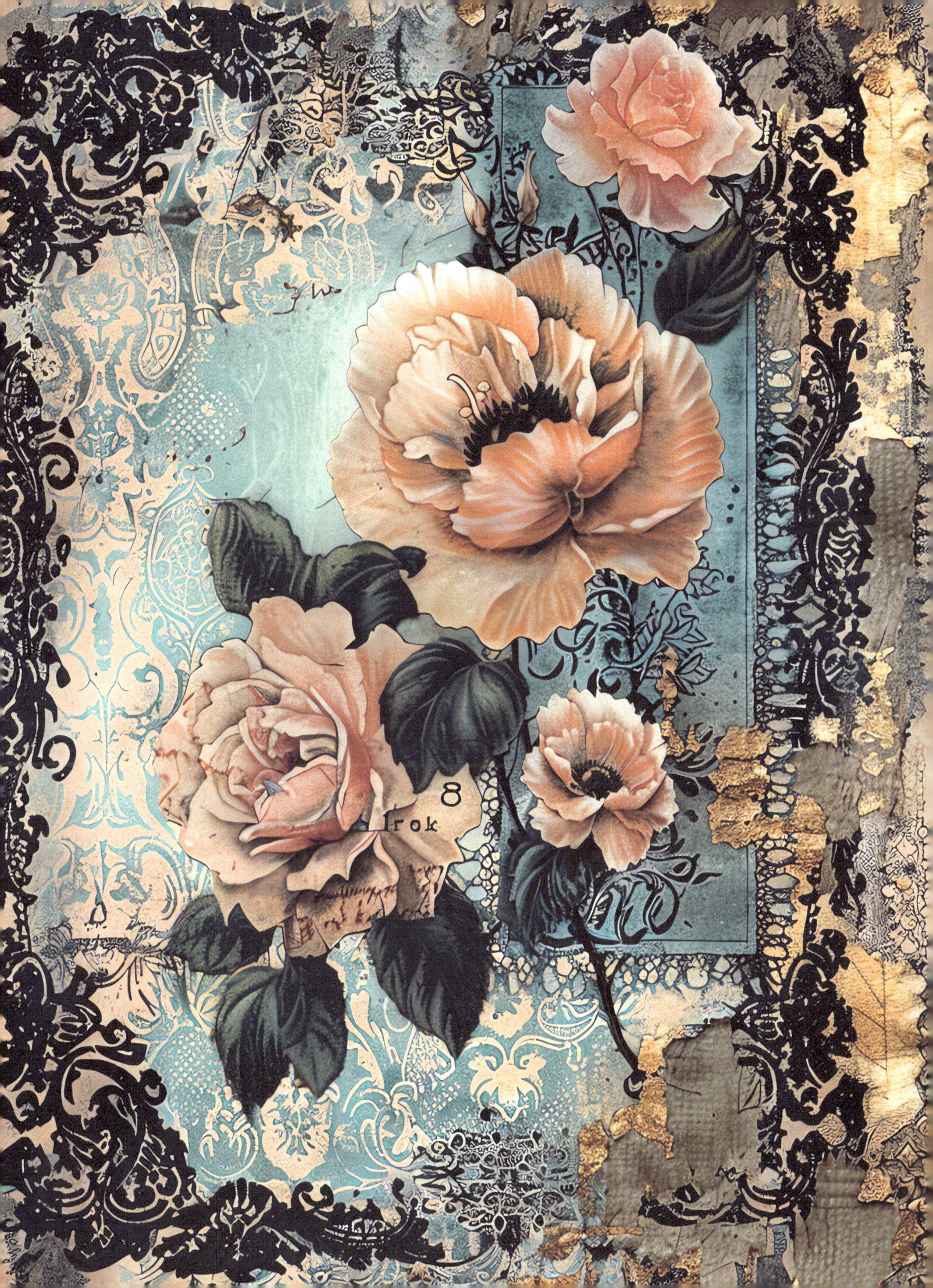
8
Irok

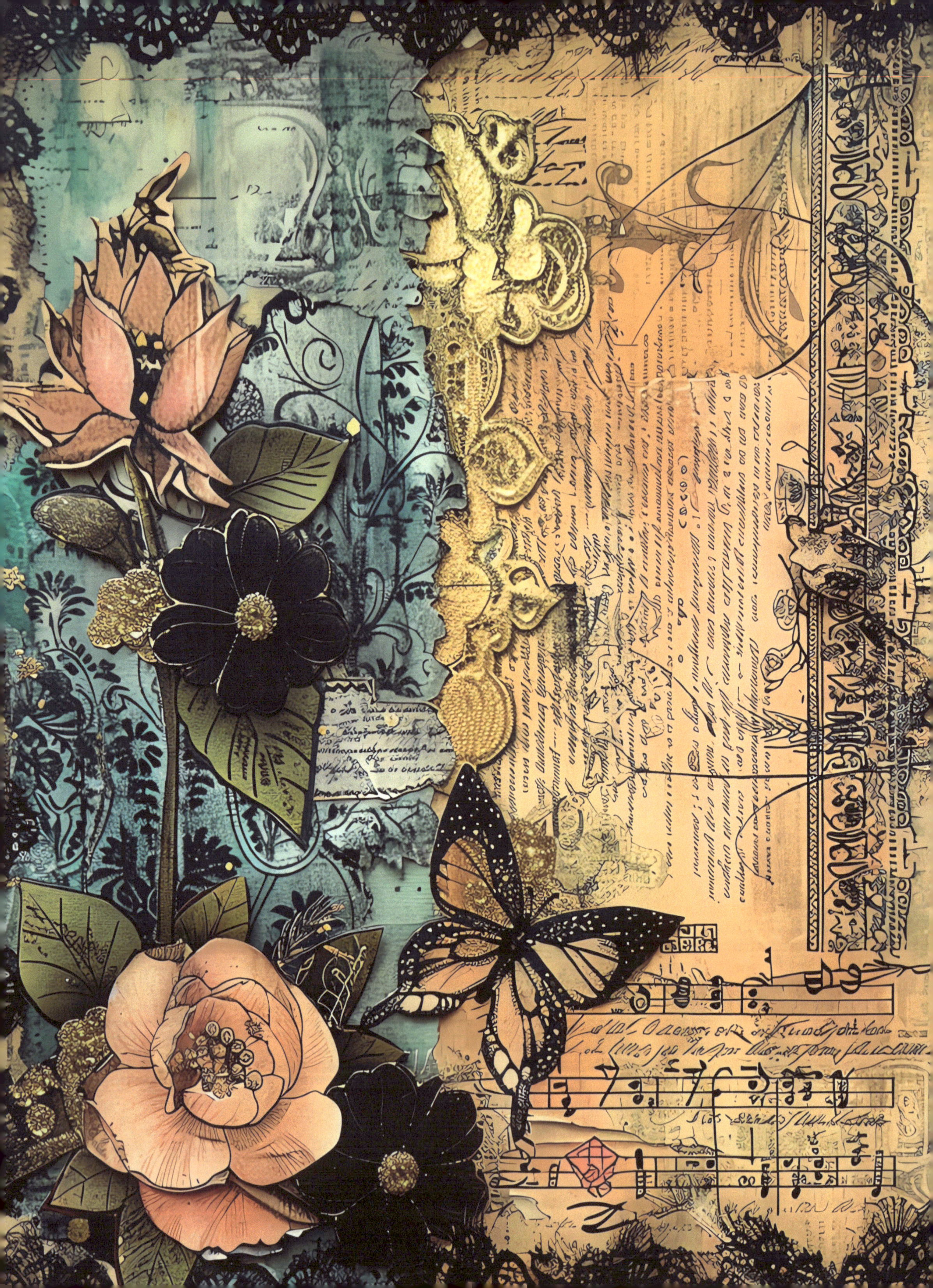

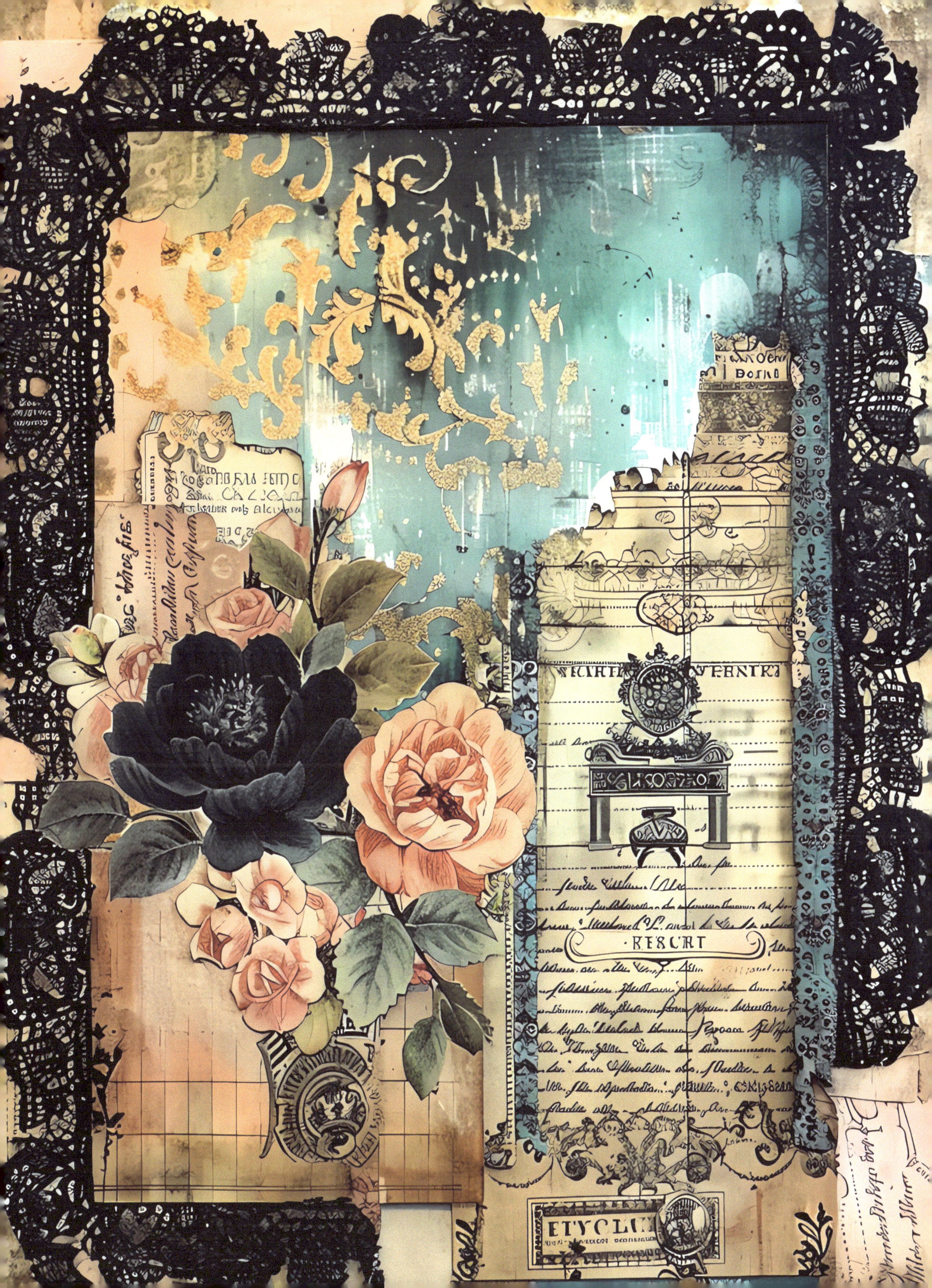

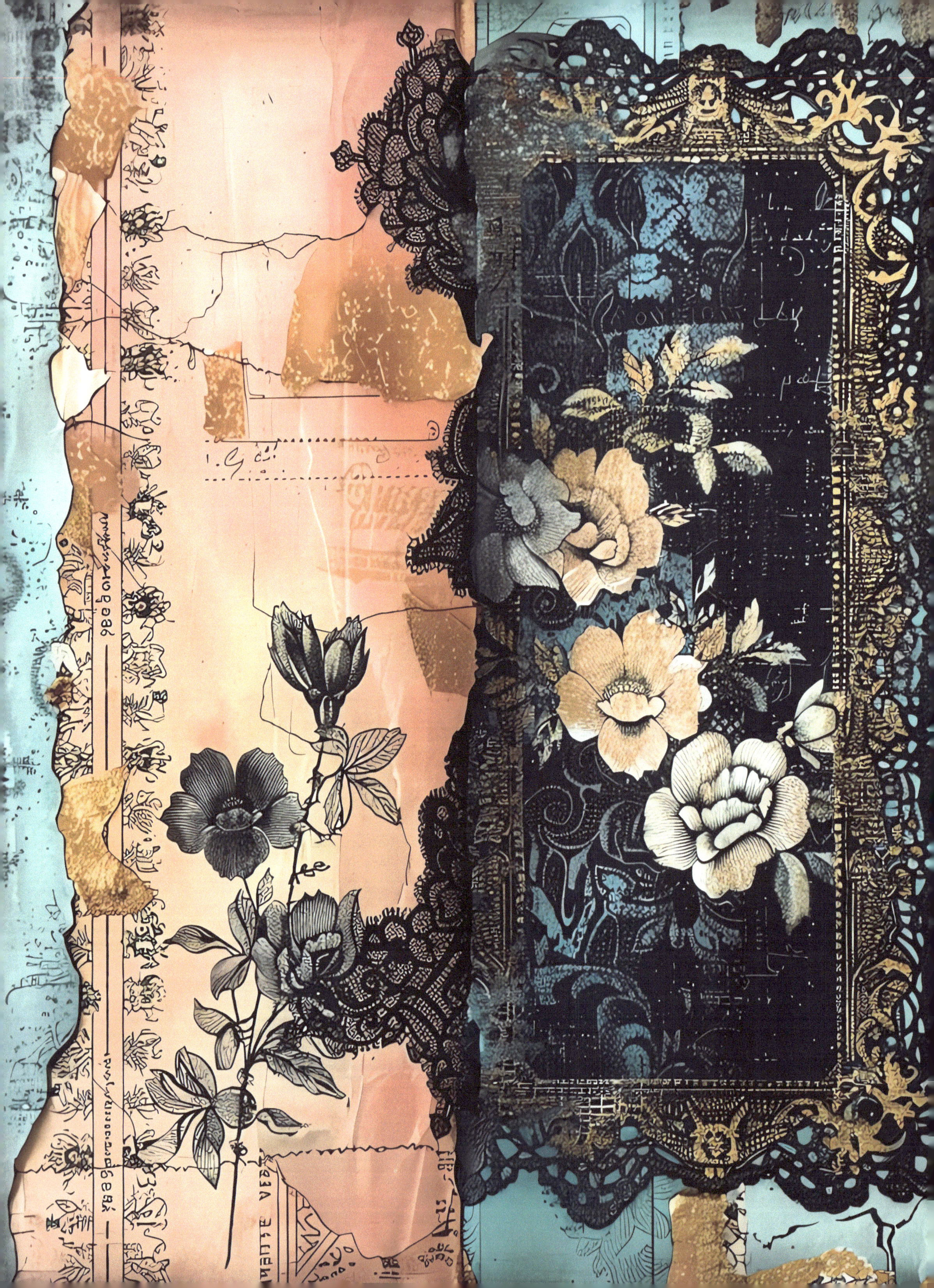

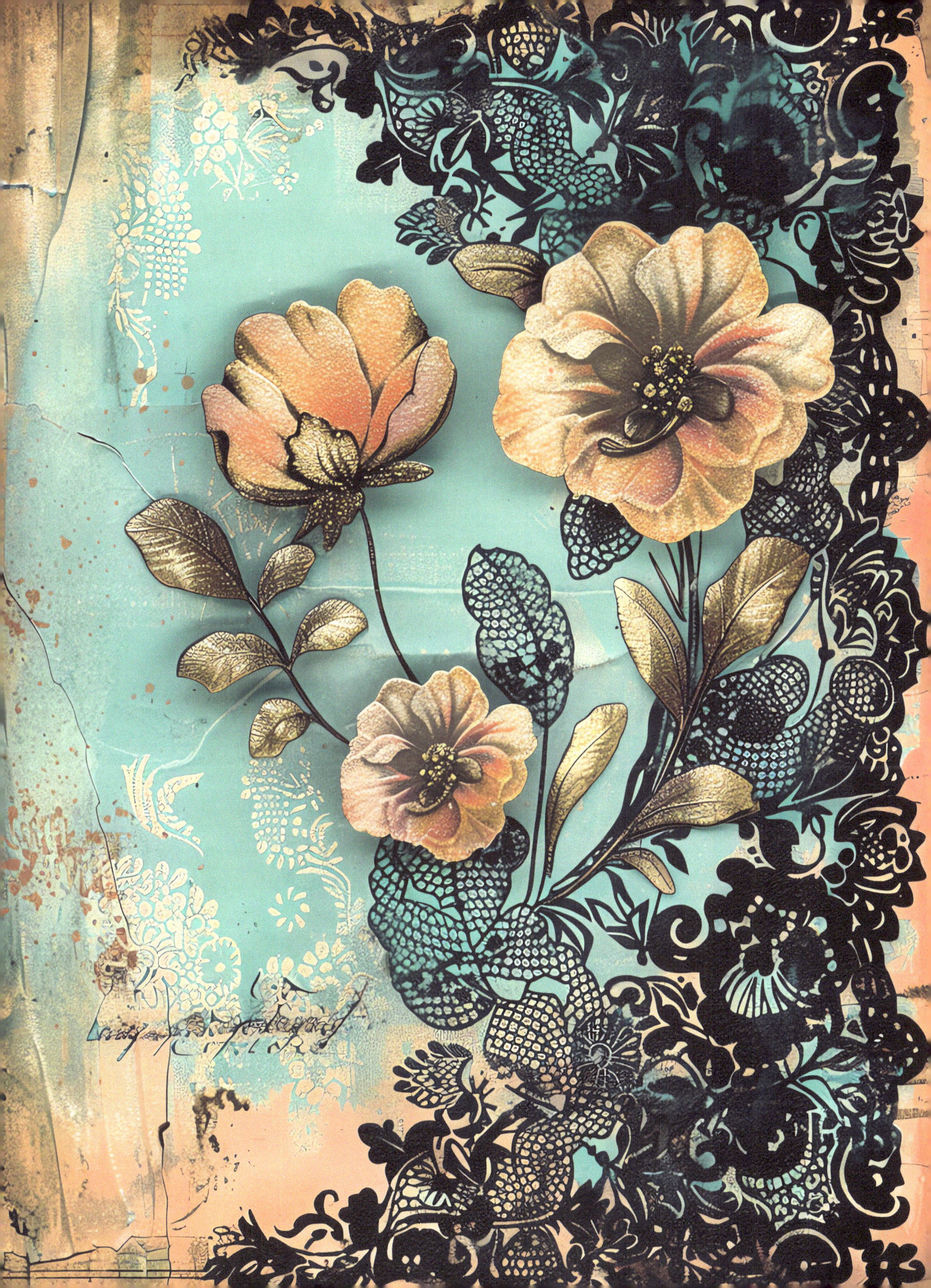

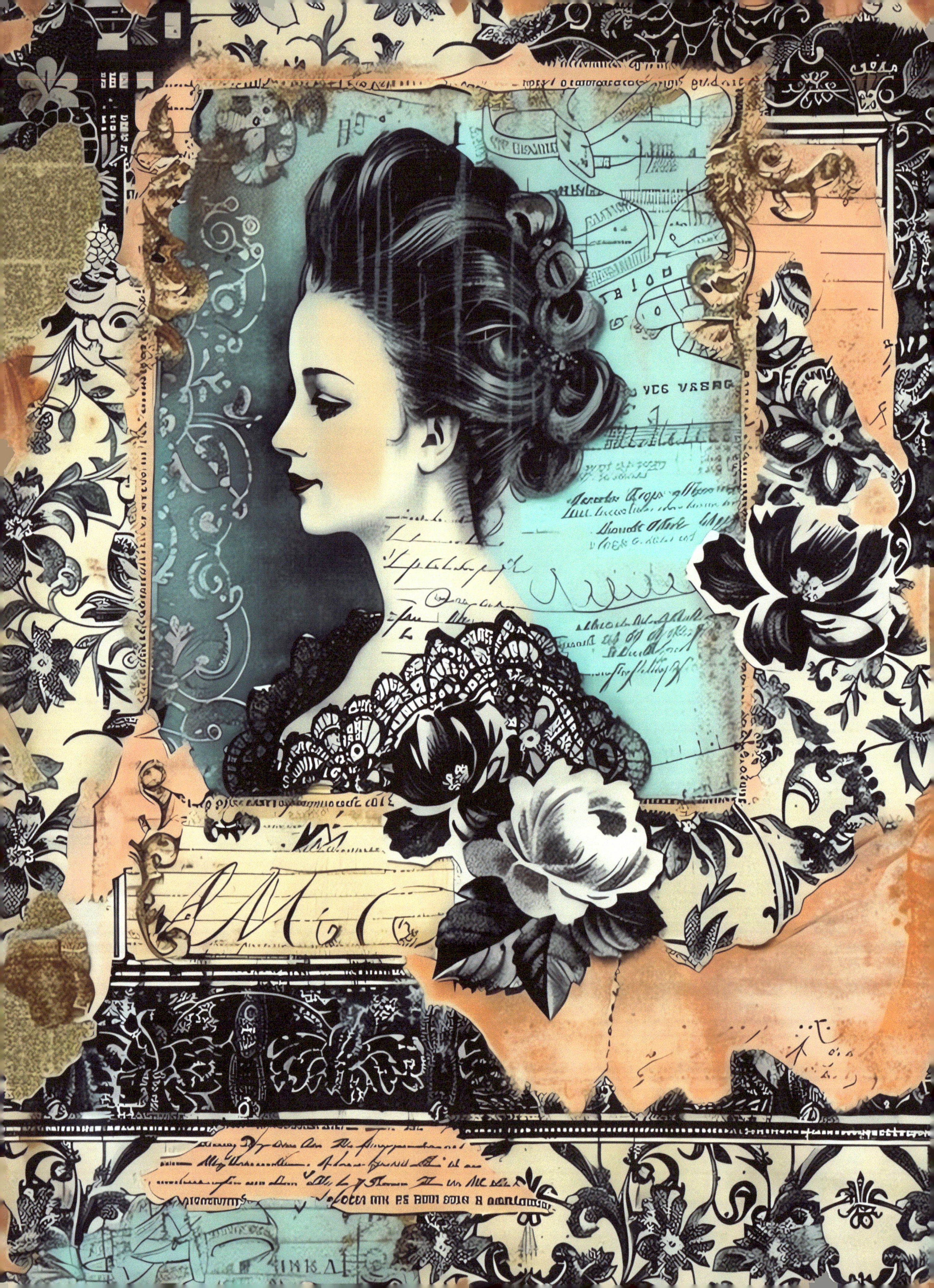

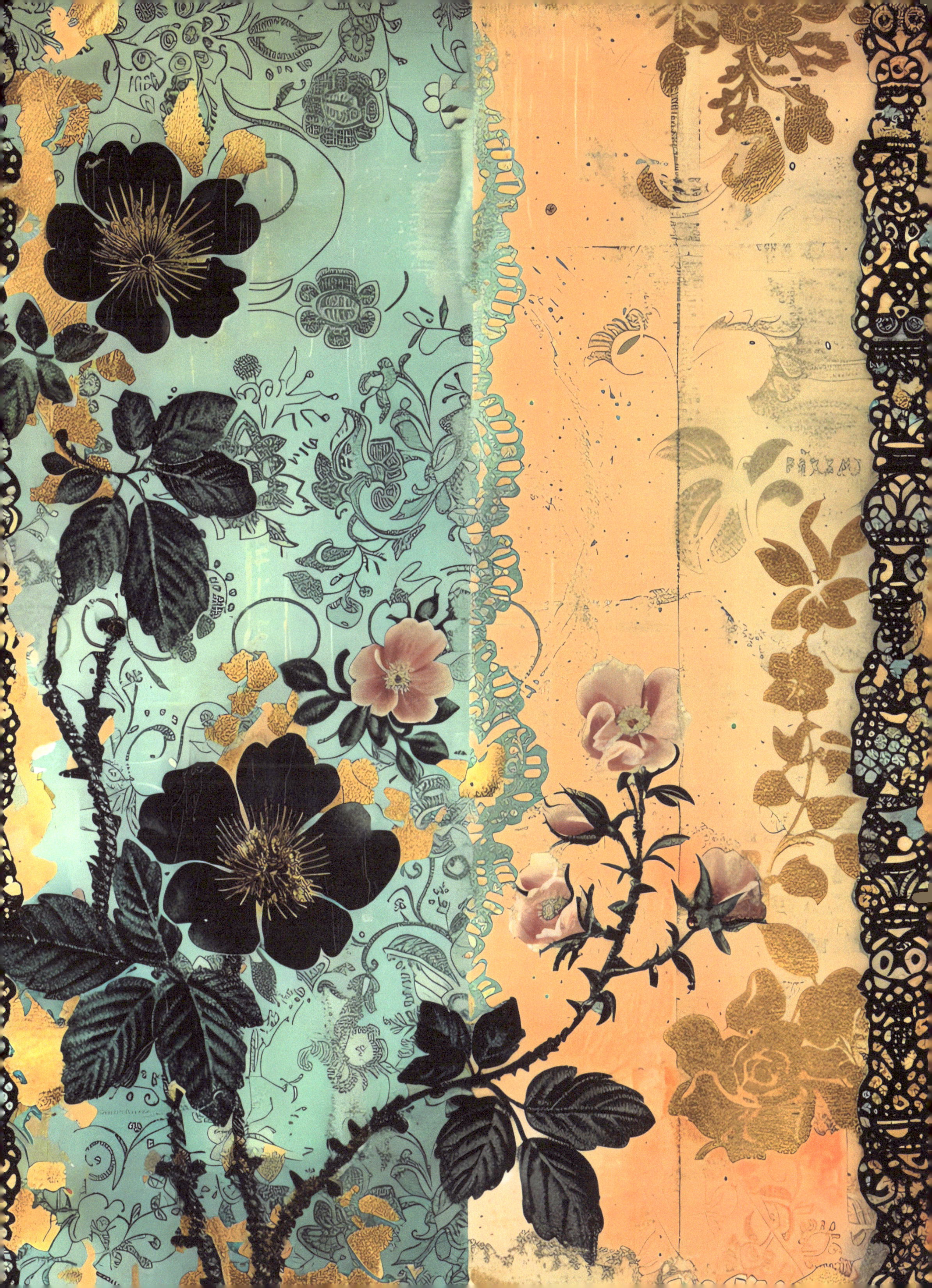

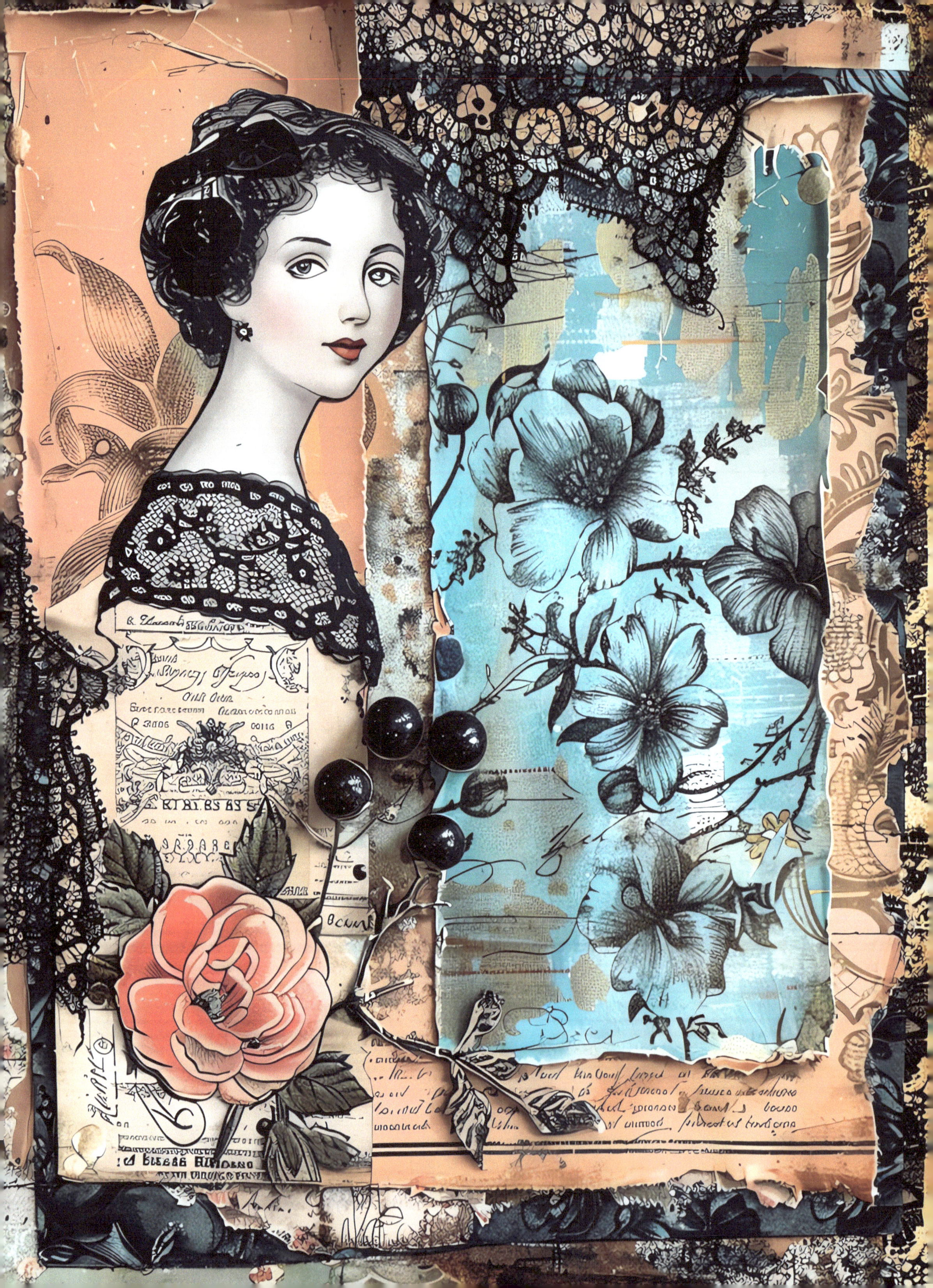

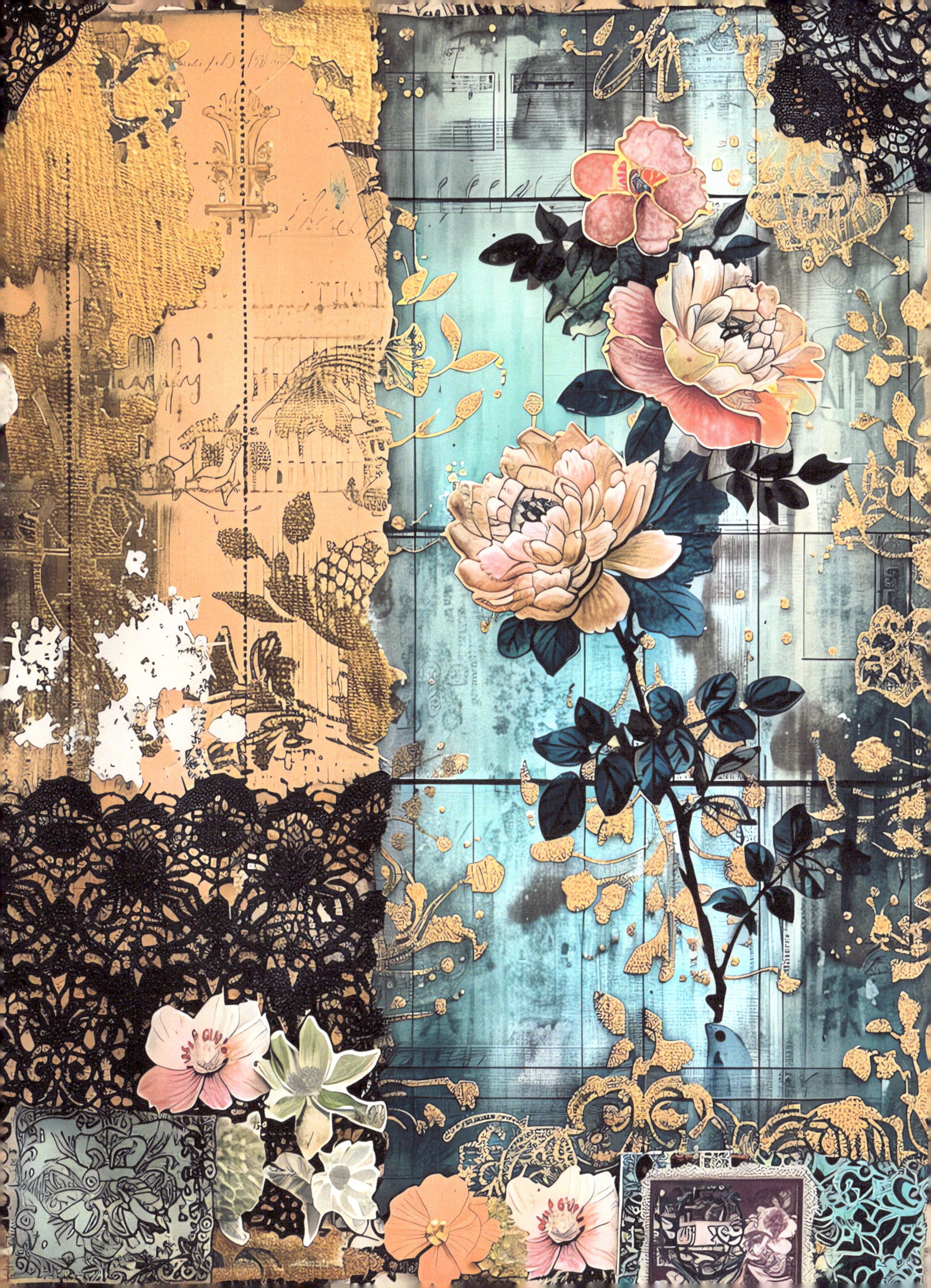

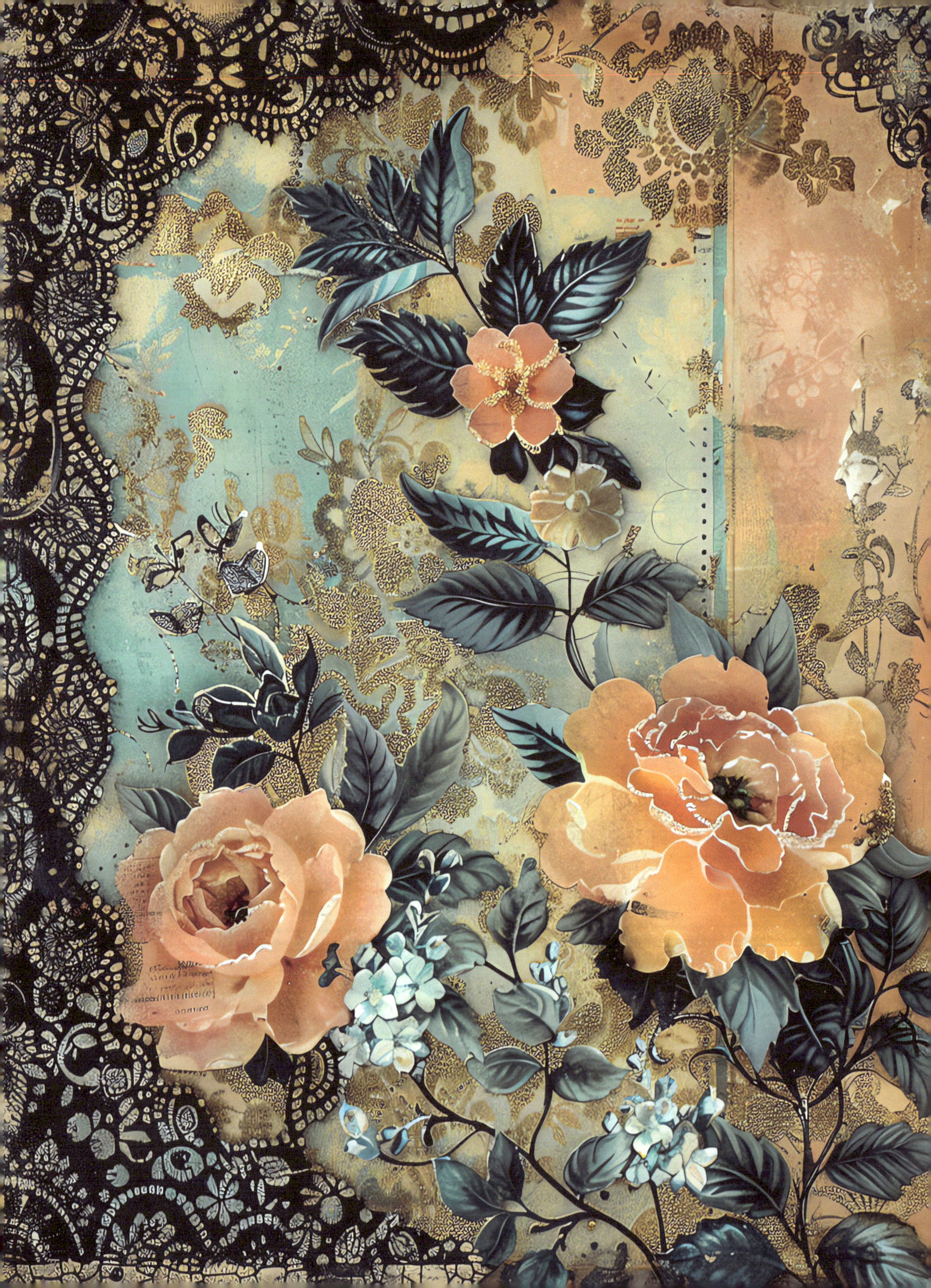

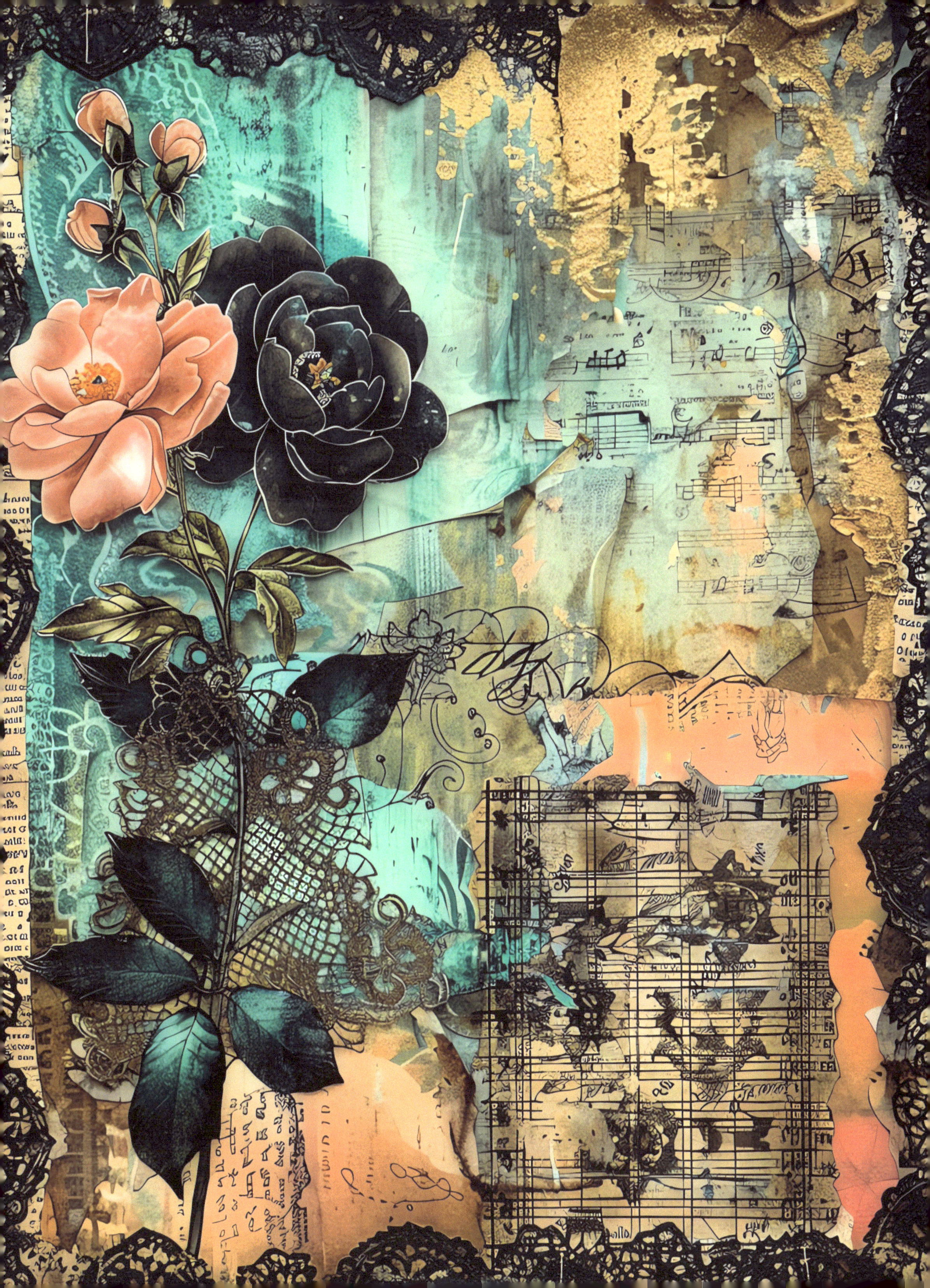

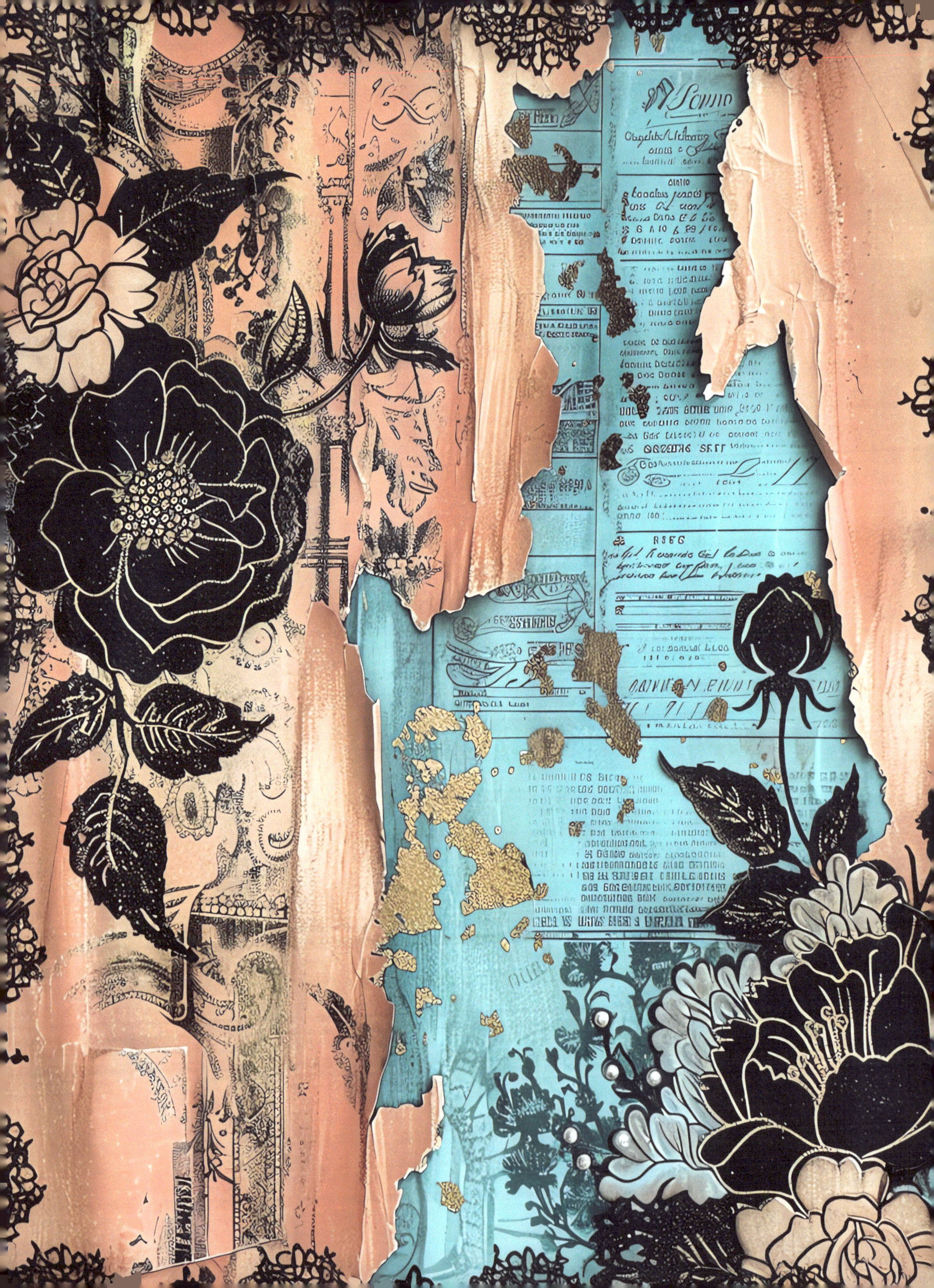

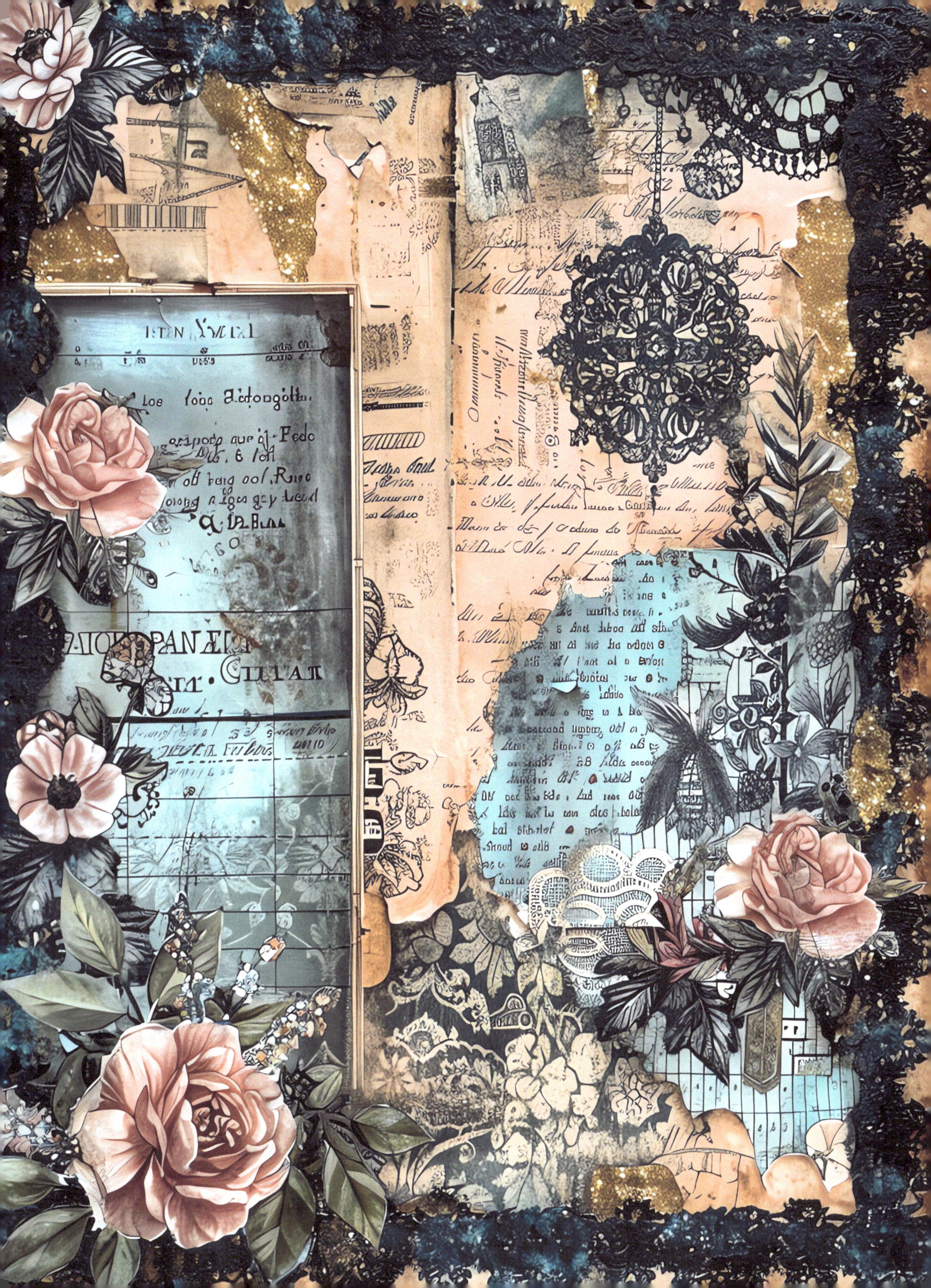

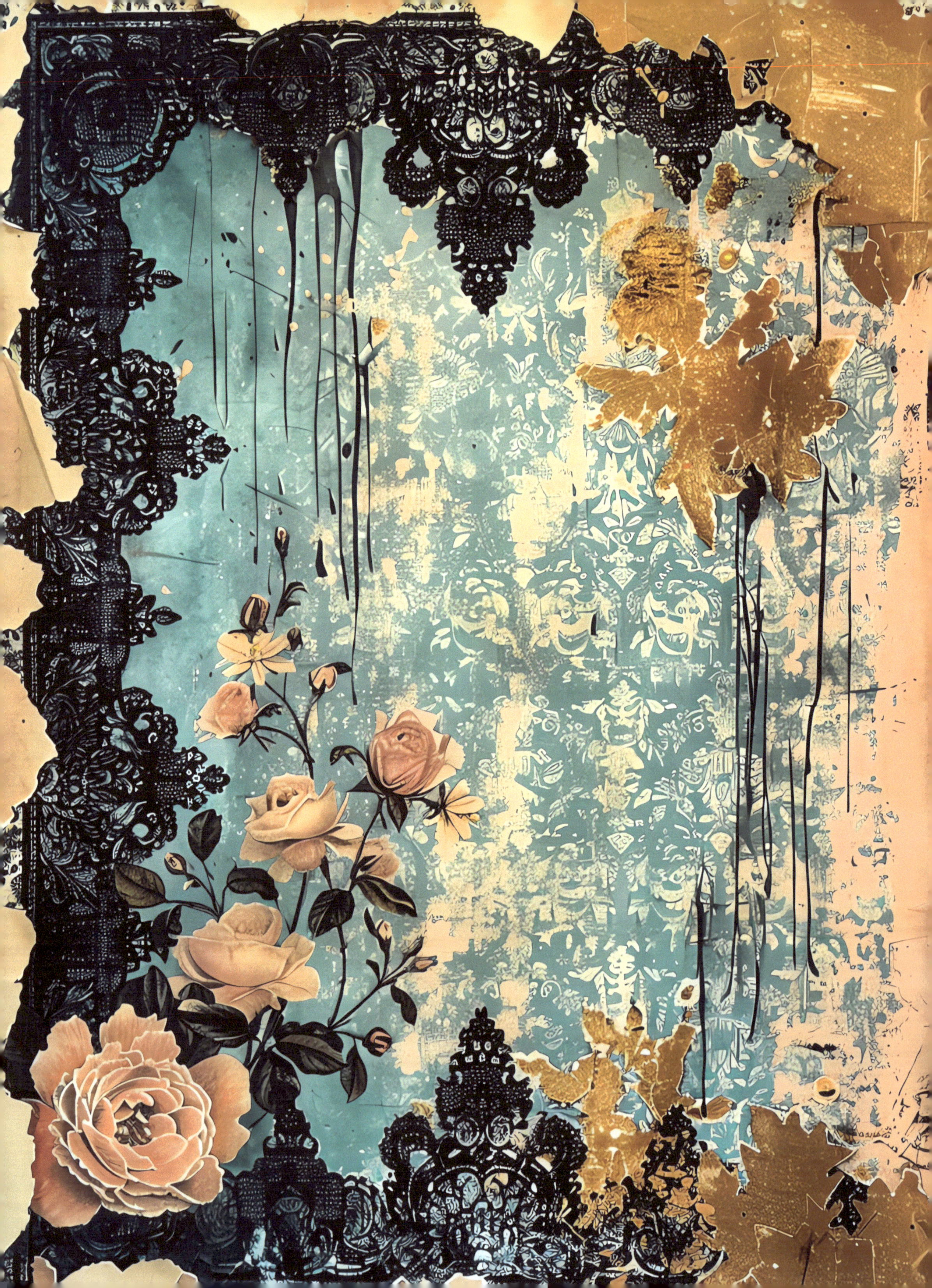

www.ingramcontent.com/pod-product-compliance
Lightning Source LLC
Chambersburg PA
CBHW040448220526
45473CB00004B/1562
* 9 7 9 8 3 0 1 3 2 7 6 1 2 *